Filhos, árvore e livro

A VIDA

Filhos, árvore e livro
A VIDA

A história e as ideias de

LUIZ HEEREN

FILHOS, ÁRVORE E LIVRO
A VIDA

AUTOR: Luiz Heerem

DIRETOR DA ALMEDINA BRASIL
Rodrigo Mentz

EDITOR DE CIÊNCIAS SOCIAIS E HUMANAS E LITERATURA
Marco Pace

ASSISTENTES EDITORIAIS
Isabela Leite e Larissa Nogueira

ESTAGIÁRIA DE PRODUÇÃO
Laura Roberti

REVISÃO
Luiz Rebinski e Michele Roberta Rosa e Silva

DIAGRAMAÇÃO E CAPA
Officio

ISBN: 9786587017815
Dezembro, 2022

Dados Internacionais de Catalogação na Publicação (CIP)
(Câmara Brasileira do Livro, SP, Brasil)

Heerem, Luiz
Filhos, árvore e livro : a vida / Luiz
Heerem. -- São Paulo, SP : Minotauro, 2022.

ISBN 978-65-87017-81-5

1. Contos brasileiros I. Título.

22-128462 CDD-B869.8

Índices para catálogo sistemático:
1. Crônicas : Literatura brasileira B869.8
Eliete Marques da Silva - Bibliotecária - CRB-8/9380

Este livro segue as regras do novo Acordo Ortográfico da Língua Portuguesa (1990).

EDITORA: Almedina Brasil
Rua José Maria Lisboa, 860, Conj.131 e 132, Jardim Paulista | 01423-001 São Paulo | Brasil
www.almedina.com.br

Sumário

***Agradecimento especial** ao meu amigo Deonísio da Silva de quem recebi o incentivo e ajuda total nesta primeira empreitada literária. Completamente leigo e amador no tema, fui apoiado por Deonísio que foi uma força fundamental para a realização deste sonho.*

INTRODUÇÃO

Nove de outubro de 2021, em Bari, na Itália. No decorrer do livro vou relatando de onde e quando estou escrevendo para dar o contexto atual deste "filme" da vida.

Sessenta e seis anos e cinco meses depois de ter nascido, mais precisamente 24249 dias depois, decido escrever este livro para deixar a minha visão sobre a vida que aqui passei. Não sei quantos dias ainda terei, talvez um ou talvez ainda mais alguns anos, não se sabe, mas é certo que um dia todos iremos. Sinto que devo deixar algo que fale sobre como foi minha passagem por aqui, o que foi bom e o que não foi tão bom, o que aprendi e ainda estou aprendendo.

O livro reportará sobre uma vida excepcional que eu tive, mas também minhas observações e conceitos sobre vários temas comuns a todos nós. Não sei se por sorte ou por mérito, mas tenho que reconhecer que minha vida foi absolutamente fantástica. Não foi uma vida sem problemas e alguns muito sérios, mas no meu humilde entender foi excepcionalmente rica em aventuras e diversidade.

Vivi em muitos países e experimentei muitas culturas. O mundo foi logo muito cedo meu *playground*.

Todos que passaram pela minha vida sempre tiveram uma fotografia parcial do que eu sou, do que eu penso, pois passaram ou estão passando pela minha vida parcialmente e não viram o filme todo. Até minhas filhas e esposa não viram o filme completo pois não participaram do período anterior. Aqui todos poderão "ver" o filme completo.

Peço desde já desculpas sobre conceitos que aqui vou expor, pois muitos não terão comprovação, nem científica nem de estudo, mas são pensamentos meus baseados em minha passagem por aqui nesses últimos 66 anos. Peço também desculpas para a obviedade de muitos pensamentos e conceitos, pois sempre acreditei no valor dos pensamentos simples e diretos.

Vou tentar me abster de nomear pessoas na medida que elas poderão se identificar nos episódios e assim também evitar constrangimentos e desacordos. Fica inevitável no entanto nomear a família mais perto. Esposa, filhas, irmãos, genros e netas.

E aqui vamos.

Infância

Período fundamental para formação de princípios e do caráter. Um período que copiamos e pensamos sobre exemplos bons e ruins que presenciamos. Hoje entendo melhor a importância de darmos bons exemplos para os jovens. Não percebemos, mas eles estão sempre nos observando.

Um período que nossos amigos também são nossos exemplos. Copiamos o comportamento daqueles que acreditamos serem "populares". Fundamental que esses nossos exemplos sejam bons jovens, pois eles também vão moldar o nosso comportamento e os nossos princípios. O velho ditado é corretíssimo... "diga-me com quem andas e te direi quem és." Acredito firmemente nisso, embora existam exceções.

Vejo pessoas de comportamento difícil, não ajustadas à vida atual, com sérios problemas de caráter que não tenho a menor dúvida que tiveram graves problemas durante a sua infância. Foram filhos de pais separados, foram filhos da rua, foram filhos de ambientes familiares agressivos, foram expostos a problemas graves de sustentação da família e muitos outros eventos que lhes afetaram seriamente o comportamento que hoje apresentam. Não tenho nenhuma formação em psicologia, mas entendo bem por que esses profissionais vão a esse período de nossas vidas para entenderem o que fazemos hoje e como nos comportamos.

As escolas que frequentamos, os professores que passaram por nossas vidas, nossa família, nossos amigos, os lugares onde vivemos, a cidade e a política do momento, todos moldadores de nossos pensamentos, e de nossa forma de ser.

Não tenho dúvidas que se trata de um período que determina em muito o que seremos. A literatura sobre a importância da infância é vasta. Creio que seria fundamental que todos os pais que receberam a responsabilidade de ter um filho se instruíssem sobre a importância dessa fase da vida. Eu não o fiz e criamos nossas filhas da melhor forma que pensamos na época. Penso que uma preparação seria muito importante para criarmos nossos filhos da melhor forma que possamos. Se os pais atuais o fazem, acho muito bom, pois há certos problemas que são comuns a todos.

Hoje, vivenciando a experiência de avô, vejo como nossas netas ficam observando e aprendendo com seus pais, avós, amigos e com o que escutam na mídia também.

Hoje, com a mídia profundamente inserida em nossas vidas, seja através da TV, computadores, celulares, é extremamente importante que pais tenham um bom controle do que seus filhos recebem. Há com certeza muita coisa boa, cultura que se aprende, excelentes documentários que nos ensinam muita coisa, mas também há muita manipulação, tentativa de lavagem cerebral, influência política e influência consumista. Isso sempre existiu, mas as restrições de comunicação que tínhamos antigamente limitava em muito esse processo. Hoje em dia já não é assim. A exposição é enorme. Para o bem e para o mal!

Minha Infância

Meus pais vieram de origem quase coincidentes.

Meu pai nasceu em Campo Tenente, no Paraná, de uma família de descendentes alemães que chegaram ao Brasil no fim do século 19. Minha lembrança de meus avós, os chamávamos de Omama e Opapa, me leva à casa deles em Curitiba, uma casa de madeira, para onde viajávamos uma vez por ano para visitá-los. A viagem do Rio a Curitiba era sempre uma grande aventura naquela época dos anos 1960. Sempre lembro de meu avô fumando seu cachimbo na varanda da casa e minha avó na cozinha fazendo comida para o batalhão de pessoas que os visitava: nós.

A família de meu pai é de origem alemã. Nos idos de 1853 imigraram de Hamburgo na Alemanha os meus bisavós por parte de pai. Em visita ao museu de Hamburgo pude ver o anúncio da viagem do navio a vapor que levava os imigrantes para dois destinos finais. Nova Iorque e Buenos Aires. Sempre brinco dizendo, será que pegaram o vapor certo ?!. Tudo teria sido diferente. A vida é assim maravilhosa. O que teria sido se tivessem imigrado para os Estados Unidos da América. Na ilha de Ellies em Nova Iorque, aonde estão os registros de todos os imigrantes que durante muito tempo entraram pelo porto, pude verificar que alguns com o mesmo sobrenome meu, Heeren, também chegaram nessa época aos Estados Unidos da América. Por que decidiram vir para a América do Sul ? Possivelmente recebiam informações de imigrantes anteriores que lhes contavam dados positivos sobre essa região.

O navio a vapor percorria vários pontos da costa brasileira, Recife, Salvador, Vitória, Rio de Janeiro, Santos, São Francisco do Sul (Joiville) e finalmente Buenos Aires. Pois meus antecepassados ficaram em São Francisco do Sul e aí começaram a vida no Brasil. Por ter ajudado muito na comunidade de Joinville, meu bisavô tem até hoje uma referência no museu da cidade.

Meus avós, por parte de pai, tiveram 6 filhos: cinco homens e uma mulher. Passaram muita necessidade na criação dos filhos, de tal maneira que minha avó recebeu um pedido de adoção do meu pai por parte de uma professora que foi obviamente negado. Esse evento, não sei como foi exatamente, mas me foi contado.

Meu pai, segundo sei, sempre foi muito bom estudante e conseguiu fazer todo o primário e o secundário. Já falava fluentemente alemão, pois era o idioma da família e já tinha nessa época boas noções de inglês. Sei que meu pai deveu seus estudos e desempenho ao esforço de seus irmãos e irmã que, segundo escutei, fizeram de tudo para que ele terminasse seus estudos.

No término do secundário, a Segunda Guerra Mundial já se desenrolava e ele se alistou para a FAB, Força Aérea Brasileira, onde recebeu as primeiras lições de pilotagem. Um fato interessante, quem sabe genético ou simplesmente de tradição, que muitos de seus irmãos, meus tios, já tinham conexões e interesses profissionais na FAB e na aviação. Há um livro da árvore genealógica da família, em que se identificam as datas de nascimento e profissão de todos. Existe uma coincidência interessante de que muitos da família estiveram e ainda estão ligados à aeronáutica.

Estando na FAB, meu pai foi levado para os Estados Unidos, para a base de Corpus Christi, no sul do Texas, para ser treinado na NAVY, para voar em porta aviões. Interessante como esse início de vida com a FAB, NAVY e pilotagem, veio a decidir toda a sua vida profissional. Para sua felicidade, não foi para a guerra que terminou antes de ser designado para ir para a Europa. Em sua volta ao Brasil, ingressou na carreira de piloto, que desenvolveu em mais de 40 anos de trabalho. Foi piloto na Aerofoto, Cruzeiro do

Sul, TAP e Varig. Meu pai faleceu com 77 anos, no dia 13 de novembro de 2003, de complicações cardíacas. Embora nunca tenha fumado e praticasse tênis nas horas vagas, não teve uma boa saúde nos últimos anos. Entendemos que na fase em que voou, as condições dos aviões, pressurização e exposição à radiação solar eram muito deficientes — e o fato de se fumar a bordo —, foram fatores que influenciaram muito negativamente sua longevidade.

Minha mãe nasceu no Rio de Janeiro. Filha de português casado com descendente de alemã que criaram quatro filhos, três mulheres e um homem.

Não conheci meu avô português, mas ele até hoje tem muita importância para todos nós, pois herdamos a nacionalidade portuguesa que tantos benefícios traz em nossas andanças pelo mundo. Conheço meu avô pelas histórias que nos contaram. Parece que teve muito sucesso financeiro, foi muito empreendedor, foi um dos responsáveis por trazer o Pirex (formas e panelas de vidro que aguentam o fogo) para o Brasil. Entendo também que teve vida familiar conturbada e complexa, com envolvimento com outra mulher e uma família paralela. Parece que esse evento fez minha avó sofrer muito. Não tenho muito mais informação sobre isso. Morreu muito cedo, entendo que aos 40 anos, com tuberculose, no Rio de Janeiro, e segundo sei, minha avó trabalhou muito para passar por toda essa situação, pois nessa época meu avô já não tinha os recursos que havia acumulado. Minha avó sempre esteve presente em nossa vida e na nossa infância. Ela fazia questão de ter aquele sotaque alemão, embora tenha já nascido no Brasil. Insistia em falar alemão com a gente, mas eu particularmente não dava a mínima bola... hoje vejo o que perdi! Minha avó sempre nos ajudou muito. Tinha um caráter muito forte. Sempre nos visitava em Niterói e também viajou conosco para a Europa quando nos mudamos para Portugal. Ainda me recordo da viagem que fez com os três mais velhos para a Suíça. Participou bastante de nossas vidas e de nossa formação. Quando falar de trabalho, devo me lembrar do que me ensinou. Chegaremos lá.

Meus pais, segundo entendi, eram primos bem afastados e se casaram logo após meu pai retornar dos Estados Unidos e ingressar na Aerofoto. Minha mãe também já trabalhava em um escritório onde era exímia datilógrafa. Naquela época, creio que uma mulher trabalhar fora já era algo bem pioneiro. Minha mãe faleceu no dia 12 de janeiro de 2012, também com 77 anos. Será que 77 anos é uma boa previsão para mim também...? Vamos ver. Creio que hoje em dia a expectativa de vida é superior.

Minha mãe foi uma trabalhadora do lar. Com seis filhos, era ela que comandava a casa. Meu pai viajava muito naquela época e era ela quem basicamente acompanhava tudo. Nossa educação, nossa escola, nossos amigos, nossas demandas. Era tudo com ela.

Tiveram seis filhos, três homens e três mulheres, os cinco primeiros com diferenças de um a dois anos de idade — mais tarde veio meu irmão que tem uma diferença de oito anos para mim. Eu sou o 3º de cima para baixo. Somos bem diferentes na forma de ver a vida e de agir.

Minha infância e adolescência podem ser divididas em duas partes. A primeira, de zero a oito anos de idade, no Brasil, mais precisamente em Niterói, no bairro Jardim Icaraí, e a segunda, de oito a 17 anos de idade, em Portugal, mais precisamente em Lisboa, no bairro do Restelo.

As memórias do período de Niterói ainda são boas e vejo como esta fase foi importante na minha formação.

Vivíamos em uma casa de três quartos, com amplo terreno, que depois foi expandido com a compra de um terreno adicional ao lado, onde meu pai fez um campinho de futebol, um galinheiro e um viveiro de pássaros. No jardim da casa, meu pai construiu uma casa de boneca para as três meninas, garagem e um pequeno canil para os dois cachorros que tínhamos: Bingo e Piloto. Bingo era um *fox terrier* muito levado, que ficava solto, e Piloto era um pastor alemão, negro, que ninguém se atrevia a chegar perto. Só obedecia a nossa família. Era solto à noite e fazia a segurança da casa. Ainda me recordo do ataque que fez a um rapaz que se atreveu a pular o muro da casa para buscar um balão que havia caído em nosso quintal. Infelizmente, Piloto o mandou ao hospital.

Hoje, tudo isso é parte da história de um prédio enorme de apartamentos que se construiu no local. A cidade vai se expandindo, a busca por moradia não para e histórias vão sendo enterradas em cada casa, em cada rua e em cada esquina. Acontece em todas as cidades do mundo. O crescimento populacional é imparável e a demanda por moradia é constante.

A casa ficava em uma rua de terra, pois naquela época, rua asfaltada era ainda raridade. A vizinhança era espetacular. Todas as casas tinham muitas crianças, que eram nossos amigos e que faziam parte de nossas constantes brincadeiras diárias. Nossa casa, com seis crianças, com campinho de futebol, casa de boneca, bastante jardim e espaço, era quase que o centro das atenções da criançada da rua. Na frente de nossa casa vivia uma família também bastante grande: quatro meninos e uma menina, que eram nossos parceiros para as brincadeiras diárias.

Lembro ainda das principais brincadeiras. Bola de gude, soltar cafifa, bandeirinha, garrafão, escambida, taco, soltar barquinho quando chovia, carrinho de rolimã, corrida de bicicleta em volta do quarteirão e, obviamente, pelada. Eram constantes os acidentes. Joelho ralado, dedo sem unha, cabeça quebrada, etc. Nos curativos, era então muito usado um produto conhecido por mertiolate ou mertiolato (palavra adaptada da marca Merthiolate), famoso também por arder muito. Ainda lembro do meu acidente mais feio. Eu, de velocípede gigante, encontrei na curva uma bicicleta em alta velocidade. O guidão da bicicleta veio no meu supercílio. Fui direto para o hospital. Interessante como nossa memória olfativa é muito forte. Até hoje, quando sinto o cheiro de éter, essa história do hospital Antônio Pedro, em Niterói, vem à minha lembrança.

Travessa Santo Antônio 17, nosso endereço. A rua era repleta de atividades, principalmente nas datas festivas. Ainda me recordo bem das grandes festas juninas que toda a rua fazia. Fechava-se a rua com bambu e haviam barraquinhas de todas as guloseimas e brincadeiras, dança de quadrilha e fogueira. Espetacular. Carnaval também era animado pois todos nos fantasiávamos para os bailes nos clubes. Normalmente íamos para os Pioneiros no bairro do Vital Brasil. Natal era também época de festa. Nossa família tinha a tradição de entregar os presentes na noite de 24 para 25 de dezembro enquanto as outras famílias o faziam no dia 25. Tínhamos o privilégio de ver os presentes primeiro e já no dia 25 brincar e mostrá-los aos amigos.

Fiz até o 3º ano primário em colégio público, Joaquim Távora, situado no Campo de São Bento. Ainda existe e é uma escola pública importante em Niterói. Fica em nossa imaginação os milhares de alunos que por ali passaram, suas histórias de vida. Quem são hoje, o que fizeram do que ali aprenderam.

Às vezes íamos para o colégio de *trolley* e as vezes a pé mesmo. Para quem não conheceu o *trolley*, ele era um ônibus elétrico que tinha uma conexão em seu teto para fios elétricos. Muito bom para o meio ambiente e também silencioso. Foi descontinuado e agora, em muitas cidades do mundo, está sendo novamente amplamente utilizado. Minha memória dessa época da escola é vaga, mas me lembro de uma professora muito boa e séria. Eu era um estudante médio para bom, mas minha mãe não entendia como, pois eu passava o dia brincando na rua. Um dia minha mãe questionou minha professora, pois não entendia como eu conseguia ser um aluno razoável. Minha professora contestou, para surpresa da minha mãe, que eu dentro da aula era exemplar e prestava muita atenção mas, que fora da aula, eu era bastante "animado", para não dizer moleque. Do período escolar lembro vagamente de alguns amigos da sala de aula e de uma menina loura que eu achava muito bonita. Todos diziam que eu ia casar com ela.

Nossa família nunca foi muito religiosa. Vínhamos de uma tradição luterana e às vezes frequentávamos o culto luterano em uma igreja no alto do morro em Icaraí. Mas não era uma demanda muito rígida pelos meus pais. Nessa igreja também havia um grupo de escoteiros e lobinhos, de que fiz parte por um tempo, que serviu para aprendermos alguns princípios básicos de sociedade. Acho válido esses grupos, pois aí se socializam as crianças, aprende-se algumas tarefas, como fazer comida, fazer fogo, ajudar o companheiro, etc. Talvez, hoje em dia, esses grupos tenham sido substituídos pelos *summer camps* (acampamentos de verão) que em muitos países são usados durante as férias para dar atividades às crianças. Em meu tempo não havia necessidade, pois as atividades eram permanentes e diversas, na rua mesmo.

Meu pai, nessa época, voava muito pela Cruzeiro do Sul e minha mãe era quem cuidava de nós. Às vezes eram ausências de até uma semana, pois naquele tempo as viagens eram de longa duração. Mas seu trabalho nos provia de muita boa estabilidade financeira, o que aconteceu em toda a minha infância e adolescência. Ainda me lembro os inúmeros sobrevoos de meu pai sobre a casa de Niterói, com DC3 e depois o Convair, pois ele decolava do aeroporto Santos Dumont e solicitava para a torre um rasante sobre nossa casa. Íamos todos para o campinho de futebol com toalhas e camisas para desejar uma boa viagem. Já sabíamos mais ou menos o horário do sobrevoo. Sempre passava com os faróis do avião sinalizando sua passagem. Era emocionante para toda a rua. Mais tarde, quando passou a comandar o Caravelle, jato francês, os sobrevoos já não eram mais possíveis.

Minha mãe administrava toda a casa. Limpeza, refeições, roupa, etc. Ela cuidava para que meu pai, que tinha que descansar bastante, tivesse suas tardes de dormir, após o almoço — o silêncio era sagrado. Tínhamos horários rígidos de dormir, pois acordávamos muito cedo para ir à escola. Hoje entendo como foi importante essa disciplina.

Cinco irmãos e eu. Todos muito diferentes em personalidade e forma de ser. Todos expostos à mesma infância. Todos com pensamentos muito diferentes em todas as áreas. Interessante como, vindos do mesmo berço, do mesmo ambiente familiar, nos fizemos tão diferentes. Voltarei ao tema quando entrarmos no assunto família.

A casa tinha três quartos. Um dos meus pais, um das meninas e o nosso, do meu irmão mais velho e meu. Nessa época, meu irmão mais novo ainda não tinha nascido. Dormíamos em beliches. Eu dormia na parte de baixo e me lembro que tinha sempre muito medo à noite. Os latidos dos cães no morro do Cavalão e nas casas da vizinhança me causavam medo. Muitas vezes fugi para o quarto dos meus pais à noite e dormia do lado da minha mãe, pois meu pai não deixava e nos devolvia caso descobrisse.

Durante esse período, eu fui o que mais levei broncas dos meus pais, principalmente do meu pai. Fui o que apanhei mais, mas, tenho certeza, que na grande maioria das vezes, merecidamente. Eram constantes travessuras em casa e na rua em que eu, sem dúvida, às vezes passava dos limites. Meu pai só nos dava palmadas de mão aberta e sempre na bunda. Era mais uma mensagem, embora algumas arderam bastante. Havia sempre dois tipos de castigo. Palmada ou retenção no quarto por algum tempo. A retenção no quarto era sempre seguida, alguns minutos depois, 15 ou 20 minutos, de um pedido de soltura, de um dos outros irmãos.

Eu vivia, na maior parte do tempo, descalço, de calção e sem camisa. Só me vestia adequadamente para ir ao colégio. Meu pai dizia que eu era da tribo dos pés-pretos. Curiosamente, em uma visita ao museu dos índios americanos em Washington (DC), vi que existiu efetivamente uma tribo dos "BlackFeet". Talvez ele tenha tirado daí o nome. Lembro-me que sempre estava com os joelhos ralados e com ferimentos por quedas na rua ou em casa, das brincadeiras que fazíamos. Nada que um mertiolato não resolvesse.

Meu pai tinha uma Kombi VW e aí fazíamos muitos passeios. Íamos muito às praias de São Francisco e Charitas, que não ficavam longe. Nessa época eram praias cristalinas da Baia da Guanabara que tinham peixes e camarões à vontade. Às vezes passávamos o dia em piquenique nas praias de Itaipu e Piratininga. Ainda me lembro da vez em que fomos a Itaipu passar o dia e nossos vizinhos também foram com seus pais. Eu, nas travessuras costumeiras, liderei uma ida à igreja e toquei o sino. Logo apareceram o padre, a polícia e o pessoal da comunidade. Obviamente meu pai teve que se explicar. Não lembro se sobrou palmada para mim ou não. Acho que não, pois penso que meu pai até se divertia com essas minhas aventuras. Tínhamos um pequeno barco a remo e às vezes o usávamos para pequenas pescarias na região.

Os problemas dessa época eram mais de falta de infraestrutura do país, da cidade e do bairro. Lembro que constantemente faltava luz e água e por muitas vezes tive que ir para a fila do leite e do pão às seis da manhã, ainda noite. Às vezes o *trolley* não passava. Para o problema da água meu pai decidiu fazer um poço para dar cobertura para eventuais emergências.

Essa era uma época de muita conturbação política e social. Anos 1950 e 1960. A Guerra Fria era intensa e a polarização URSS x USA era extrema. O comunismo tentava sua expansão na América Latina e a CIA estava sempre presente para bloqueá-lo. Não que eu entendesse ou soubesse do que estava acontecendo, mas escutava as conversas dos adultos. Ainda me lembro do assassinato de John F. Kennedy, que veio como uma notícia bomba, mas era algo tão distante que eu não entendia muito bem como aquilo poderia me afetar.

Excelente família, boa casa, bons amigos, boa escola, vida saudável, vida cheia de aventuras. A vida era e foi excepcional. Eu tinha tudo o que queria.

Veio então a notícia bombástica da mudança para Portugal. No Brasil era uma época muito conturbada politicamente, os militares tomando o poder, meu pai voando comandante de Caravelle na Cruzeiro do Sul, tinha algum envolvimento com o Sindicato dos Aeronautas. Não sei se tinha algum cargo diretivo e naquela época os sindicatos eram muito mal vistos pelos militares, pois existia a ideia, talvez verdadeira, que estavam infiltrados de pensamentos comunistas.

Os convites da TAP e da Swissair para que ele imigrasse para fora do país para um contrato de dois anos vieram em boa hora. Creio que nessa época uma mudança dessas era quase que planejar hoje uma viagem para o espaço. Seis filhos, todos muito jovens, meu irmão mais novo ainda no berço, realmente era como se tivessem tirado o piso debaixo da gente.

Meu pai então tomou a decisão que me pareceu correta. Optou por Portugal e não a Suíça para minimizar o problema do idioma e isso se comprovou posteriormente com muitos pilotos saindo da Swissair por problemas de adaptação.

Essa é uma das belezas da vida. Uma decisão muda a direção da vida de uma família e de várias gerações. Aquela decisão jogou nossa família no mundo. Hoje, o fato que irmãos vivam fora do Brasil, e filhas também, tem origem nessa decisão, como se pode ver nas anotações a seguir.

"Palma de Mallorca — 18/10/2021 —, jogando o Mundial de Seniors de Tênis. Vai ser um Mundial de Tênis interessante".

A preparação para a viagem deve ter sido estressante. Com quem deixar nossa casa, onde iríamos morar em Portugal, onde iríamos estudar... seis filhos. O estresse foi tanto que há o fato cômico de que na partida de casa esqueceram meu irmão dormindo no berço em casa. Naquela época não havia a ponte Rio-Niterói e a travessia tomava bastante tempo em barca de automóveis. O aeroporto do Galeão ainda era o antigo e embarcamos no Voo da Amizade, como era chamado pela TAP. Um *Constellation*, quadrimotor a hélice e a viagem era estimada em 20 horas. Rio-Recife-Ilha do Sal-Lisboa. Obviamente num voo de 20 horas, com seis crianças a bordo, não poderia ser muito tranquilo. Os comissários não tiveram vida fácil e não tiveram muito boa reação... até que souberam que nosso pai seria Comandante na empresa...

Admiro muito os meus pais por terem tido a coragem de fazer essa mudança que transformou, como já me referi, a vida de gerações. Naquela época não havia as facilidades de hoje, quando tudo pode ser resolvido através da internet. Naquela época até telefonar era difícil. As comunicações eram ainda em grande maioria por carta e demoravam muito. A viagem demandava muita coragem. Era quase um retorno dos imigrantes...

Chegamos a Lisboa e fomos para a Pensão Flor, situada perto da Fonte Luminosa, na Avenida Almirante Reis. Ficava numa pracinha. Novamente, impressionante como a memória olfativa é forte. Ainda sinto o cheiro do azeite que cozinhava a maioria das refeições da pensão. As batatas cozidas, as saladas, as carnes portuguesas. Tudo muito bom. Tudo era novidade para nossa família. De Niterói, da casa em rua sem asfalto para Lisboa, em uma pensão. Uma verdadeira aventura.

Aí ficamos por algum tempo até nossos pais alugarem um apartamento amplo, perto da Fundação Gulbenkian. Ficamos nesse apartamento por um ano quando nos mudamos para uma casa muito boa no Restelo. Acho que a mudança para a casa foi definida quando eu acertei uma raquetada no lustre da casa alugada e meu pai disse, basta!

Os anos em Portugal foram decisivos para toda a família. Portugal tinha e ainda tem um nível de ensino muito bom e ainda bastante superior ao brasileiro. Portugal definiu o meu esporte para toda a vida, o tênis de campo. A proximidade de Portugal com todos os outros países europeus nos expôs a uma cultura e conhecimento que jamais teríamos conseguido se tivéssemos ficado em nosso canto niteroiense.

Nessa época e ainda hoje, não obstante o regime ditatorial salazarista, nossa qualidade de vida logo se mostrou excepcional.

Logo no primeiro mês de presença em Lisboa, nossos pais tomaram uma decisão muito boa. Nos colocaram em excelentes colégios. O nosso, os Maristas de Lisboa, e o das minhas irmãs, o São José, no Restelo. Vindos de uma tradição luterana, aos meus pais lhes preocupava o fato de termos que frequentar a disciplina católica e seus ritos religiosos. Ambos os colégios permitiram que ficássemos isentos de cumprir esses rituais. Às vezes íamos e às vezes não. Não foi um grande problema. Os colégios eram conhecidos pela alta qualidade de ensino e de disciplina. Nos Maristas não tínhamos que usar uniforme, mas minhas irmãs sim.

Ambos os colégios eram muito rígidos e na época infelizmente usavam a palmatória como castigo. Meus pais não permitiam que os irmãos e irmãs usassem de violência contra nós, mas presenciei muito amigos sofrerem de violência nas salas de aula por travessuras normais de crianças. Me recordo que em uma das aulas eu fui um dos únicos que não sofri a palmatória e muitos se admiraram com tal fato. Por que eu não, se perguntaram!

Durante o período que estivemos vivendo no apartamento na Marquês de Sá da Bandeira, meus pais, com seis filhos, tinham que arrumar algo que a família pudesse usufruir durante as horas vagas. Foi aí que o tênis entrou nas nossas vidas.

Visitando o Estádio Nacional do Jamor, meu pai foi apresentado a uma escolinha de tênis pública, praticamente a custo zero, liderada pelo campeão português da época, Alfredo Vaz Pinto. Ele, junto como outros treinadores, nos receberam de braços abertos. Na época éramos cinco crianças, pois meu irmão mais novo ainda mal sabia caminhar. Ali aprendemos o esporte que se tornou nosso esporte ao longo da vida. Meu irmão mais velho se tornou um grande tenista, o melhor da escola, e eu também não fui mal. A escola do Jamor foi campeã de muitos títulos juvenis portugueses. Minhas irmãs também jogavam muito bem, mas depois, quando cresceram, não deram seguimento.

Eu nunca fui um aluno excepcional, mas também não era medíocre. Adorava jogar futebol no colégio e fazia parte das equipes oficiais de futebol de campo e de futebol de salão. Com a vinda do tênis fiquei muito dividido entre os dois esportes. No campo acadêmico, de certa forma, vivia na sombra de meu irmão mais velho, que era excelente estudante e também muito bom jogador de futebol e, principalmente, de tênis.

Os anos foram passando e dos 9 anos aos 17 anos de idade a vida era dividida entre muito estudo, muito tênis, viagens de férias na Europa, Estados Unidos e Brasil. Definitivamente, uma vida maravilhosa.

Meu pai tinha o privilégio de conseguir passagens aéreas sem custo para toda a família para qualquer lugar para onde a TAP voasse. Pudemos então conhecer toda a Europa, fizemos viagem aos USA e no período de nove anos que estive em Portugal, pude visitar o Brasil por duas vezes. A única dificuldade dessas viagens aéreas é que nossos bilhetes sempre dependiam de haver lugar disponível nos aviões, embora meu pai sempre tinha uma certa influência por ser comandante da Cia.

Nossas viagens na Europa foram memoráveis. Normalmente voávamos para um ponto central, Frankfurt, Viena ou Zurique, e dali alugávamos uma Kombi que coubesse toda a família e também minha avó e minha tia, que em uma ou duas viagens foram com a gente.

Na Kombi, a discussão era sempre quem ia na frente e na janela. Minha mãe sempre ia no banco do meio ou no de trás para cuidar da comida e da bebida. Com o apoio de meu pai, eu ia sempre na frente, pois ele dizia que eu era o melhor em localização e mapa. Naquela época, viajávamos com os mapas no colo e o copiloto era fundamental para a navegação, principalmente nas entradas das cidades e na busca pelos hotéis. Modéstia à parte, até hoje sou bom em me localizar e em me orientar. Interessante que essa habilidade que eu tinha vai se esvaindo na medida que se vai utilizando mais e mais os sistemas eletrônicos do GPS, Google Maps, etc.

Com uma família tão grande, é claro que administração financeira era importante, pois meu pai, apesar de um excelente salário para a época, tinha que controlar bem as despesas. Normalmente comprava-se comida e frutas nos supermercados e comia-se nas paragens da estrada ou nos parques das cidades. Minha memória me leva para a sopa que fizemos na Kombi em frente a Catedral Sacré Coeur, de Paris. Acho que os parisienses daquela época ficaram escandalizados.

Alguns lugares que marcaram minha memória: A viagem para a Itália, quando visitamos Roma, Sorrento, Pompeia, Capri. Ainda me recordo que em Capri, enchi uma pequena garrafa com a água da Gruta Azul e a guardei por anos na minha coleção de garrafinhas de todo o mundo. Eu também fazia coleção de caixas de fósforos de todos os lugares que passei.

Na viagem que fizemos para a Suíça, nos hospedamos em um hotel em Engelberg. Naquela época, famílias numerosas assim, que pudessem viajar, eram bastante raras. O hotel achou a nossa visita maravilhosa e nos tratou regiamente. Em uma caminhada pela montanha, sabendo que não voltaríamos para o almoço, preparou para cada criança, um lanche em uma caixinha. Nessa época, o alemão falado pelo meu pai ajudava muito. Nessas viagens, normalmente, quando íamos a restaurantes, dividíamos os pratos — mas o problema é que eu era bastante comilão. Lembro claramente que nesse hotel em Engelberg, no jantar foi nos dada a opção de uma sobremesa individual. Eu pedi uma tábua de queijos e nunca mais esqueci disso. A tábua era tão imponente que até meu pai pediu uma para ele.

Lembro também da viagem que fizemos com minha avó, somente os três mais velhos, para a Suíça, no pico do inverno. Queríamos vivenciar como era a vida com muita neve e frio. Acho que minha avó gostou muito daquela viagem, pois levou muito a sério a responsabilidade de ir com a gente sozinha. Fizemos ainda viagens para a Bélgica, Alemanha e França. Todas muito interessantes.

Mas a viagem que talvez tenha sido mais marcante para mim, foi a que fizemos para aprender inglês na Irlanda. Fomos só os três mais velhos num acordo com o Colégio Marista de Dublin. Eu tinha na época 13 anos. Minha irmã, 15, e meu irmão, 16. Meu pai acertou esse intercâmbio, e nos levou, num Boeing 727 da TAP, sob seu comando, a Londres. De Londres para Dublin, voamos sozinhos, pela Air Lingus. O acordo determinava que cada um de nós ficaria com uma família irlandesa, por um mês, que tivesse um menino ou menina de nossa idade. Tínhamos aulas todos os dias pela manhã no Colégio Marista e à tarde era livre para conhecermos locais e nos divertirmos com a família. Nessa época, meu inglês era praticamente nulo, mas eu tive muita sorte com a família que me recebeu. Faziam de tudo para me agradar e o rapaz da minha idade adorava futebol. Naquela época — e acredito que ainda hoje — os brasileiros tinham fama de bons jogadores — e eu não era de todo mal. Lembro que ele organizou um jogo em sua escola e me chamou para jogar em seu time. Eu acabei com o jogo e fiz vários gols. Ele se sentiu super orgulhoso de ter me levado.

Nessa viagem ficou também marcado em minha memória o filme Super 8 que meu irmão tirou de mim fumando, sem eu saber, e depois mostrou ao meu pai. Achei que ia sobrar castigo para mim, mas meu pai levou na esportiva... coisa de adolescente.

Tudo isso foi fundamental para minha formação, para abrir minha mente para o mundo, para me disciplinar, para me dar coragem e obviamente para me dar conhecimento. Aprendi que não há nada mais importante que você possa dar a um filho do que a educação. Eu felizmente recebi a melhor dos meus pais, das minhas escolas e da minha infância — e tentei passar isso para as minhas filhas também. A exposição internacional logo cedo permitiu a toda a família ter o mundo a seus pés. Percebi com minhas filhas como isso foi fundamental para o crescimento de todos.

Considero que nossas vidas são quase uma loteria. Dependendo das decisões que tomamos ou que outros tomam por nós, tudo pode dar certo ou muita coisa pode dar errado. Obviamente, a base da família, os princípios e valores, a educação recebida, são um excelente condutor a um bom resultado, mas não garante nada.

Imagino o que teria sido de minha vida se eu não tivesse ido para Portugal aos 8 anos de idade, ou que tivesse decidido ficar por lá e não retornar ao Brasil aos 17 anos. Se tivesse optado por jogar futebol ao invés de investir no tênis. Se tivesse tido más companhias que tivessem me levado para as drogas, bebidas, etc., tudo poderia ter dado errado.

Por essas incertezas todas no período da infância é que a presença dos pais se torna tão importante. O acompanhamento próximo, o controle das atividades, mas sempre dando margem para a liberdade e a criatividade, se tornam-se fundamentais.

Tive uma infância privilegiada. Não posso negar. Devo isso aos meus pais.

Adolescência e Escolha de Profissão

Fase complexa e difícil para todos. Para mim não foi diferente.

É uma fase de escolhas importantes e quase decisivas para a vida de qualquer um. As decisões não são definitivas, mas sim decisivas. Qualquer decisão errada poderá gerar consequências complexas para o desenvolvimento da vida de uma pessoa.

("28/10/2021 — Lisboa" — Dia 1º parto de volta para o Brasil. Nesse período na Europa, joguei os torneios de Umag, na Croácia, de Beaulieu-sur-Mer, na França, o Nacional, em Portugal, o de Bari, na Itália, o Mundial em Palma de Mallorca e o Interclubes na Espanha. Como podem ver, não posso reclamar da vida.)

De volta aos temas.

Escolhe-se uma primeira profissão, escolhe-se onde vamos estudar, novos amigos, as primeiras namoradas. Uma direção na vida já começa a ser definida.

Fundamental o apoio dos pais nessa fase, pois as incertezas são muitas. Em uma família tão numerosa, era difícil ter um apoio permanente e contínuo dos meus pais, então, de certa forma tive que tomar minhas escolhas sozinho. Importante que meus pais não se colocaram contra e foram dando sua experiência sobre os temas que podiam.

As escolhas e decisões são tantas e não sei se estamos preparados. São muitas incertezas, muitas dúvidas.

Quando vai terminando o período do secundário, os últimos anos antes da universidade, ainda não sabemos bem quais são verdadeiramente as nossas habilidades. São tempos difíceis para todos.

Vi muitos amigos e familiares se perderem nesse processo e fazerem escolhas das quais viriam a se arrepender. Escolheram caminhos que os levaram a recuar. Profissões sem nenhuma demanda no mercado, divórcios de casamentos mal definidos, filhos desajustados e muitos outros desencontros. É uma fase em que a presença dos mais idosos e experientes é fundamental.

Dizem que somos todos muito difíceis na adolescência. Que tudo que vem dos mais experientes não nos interessa. Mas o que os amigos dizem é o que conta. Vejo isso hoje. Alguns até apelidaram essa fase de "aborrescência".

Essa é uma fase da minha vida que não me recordo muito do meu comportamento. Creio que tínhamos tanto o que fazer que não tivemos muito tempo para certos comportamentos difíceis, normais da adolescência.

Foi uma fase em cuja memória estão as brigas com meu pai sobre o tamanho do cabelo, das calças com boca de sino, da discussão sobre as amizades que tínhamos, alguns que ele aceitava e outros não. Quando olhamos para trás, vemos que foram algumas brigas inúteis pois no final o adolescente segue o seu instinto, claro que sempre olhando com um canto do olho para os pais, buscando aprovação.

Com a ausência de meu irmão mais velho, que já tinha retornado ao Brasil, também tocou a mim mais ou menos ser o vigia de meu pai em relação a minhas irmãs. Obviamente, elas contavam com o meu silêncio e discrição em muitos eventos, como sair às escondidas com namorados ou amigas, ou irem para festas comigo, mas na verdade sumiam depois de algum tempo.

Enfim, tal fase sempre tem sido de muita transformação e novas responsabilidades para todos.

Profissão

A escolha do que desejaremos fazer na vida do ponto de vista profissional demanda muita reflexão, conversa com pessoas experientes e quem sabe uma avaliação com pessoas preparadas para esse fim.

Muitos jovens já se acercaram a mim para pedir minha opinião sobre esse tema. Tentam usar de minha experiência. Minha posição sempre foi na linha de que uma pessoa deve se dedicar àquilo que gosta, seja o que for. Alguém que faz o que gosta sempre o fará com qualidade e não será um fardo pesado mesmo que tal escolha demande muitas horas de estudo e muitas horas de trabalho árduo.

Sem dúvida o retorno financeiro é importante, pois todos temos que garantir o nosso sustento e de nossa família. No entanto, volto a acreditar que, fazendo o que se gosta, com qualidade, o retorno financeiro e o reconhecimento acontecerão naturalmente. Não acredito que a principal variável da escolha deva ser o aspecto financeiro, mas sim, as capacidades de cada indivíduo, suas habilidades e o prazer de executá-las. Há alguns que têm a visão perfeita de conseguir equilibrar tudo. Gosto pelo que faz, habilidade nata e sucesso financeiro. Acho que essa é a fórmula do sucesso. Obter esse perfeito equilíbrio.

Vejo muitos fazendo o que gostam mas sem a habilidade necessária e, consequentemente, o retorno financeiro não acontece. Vejo também pessoas hábeis não fazendo o que gostam e por conseguinte o sucesso financeiro também não acontece. O equilíbrio de todas as variáveis é importante, mas sem dúvida é muito difícil alcançar.

Importante lembrar que o que decidirmos poderá ser algo que nos acompanhará o resto de nossas vidas, embora, hoje em dia, o sem-número de atividades novas que surgem a cada dia, indica uma constante alteração dessa definição. As profissões se tornam muito mais voláteis e nem tudo é definitivo. Mas a primeira escolha sempre será muito importante.

Sempre gostei muito das matérias de ciências exatas e nunca fui muito hábil com as de natureza mais teórica ou que demandavam muita leitura. Fui um estudante razoável de matemática, física, química, geografia, e um estudante sofrível em história, idiomas e sociologia, embora, como se diz em Portugal, nunca chumbei, mas sem dúvida, em algumas matérias, passava raspando. Essa percepção já me indicou que alguns caminhos eu deveria seguir e outros não.

Meus pais me auxiliaram naquilo que foi possível. Perceberam as minhas dúvidas e me oportunizaram um teste vocacional. O teste mais ou menos indicou aquilo que eu já sabia. Teria que ser algo com boa base matemática, mas não tanto que fosse muito profunda. Uma base leve de teoria.

Todos temos habilidades. Claro que há os gênios, os mais inteligentes, os mais limitados e também há aqueles que compensam algumas limitações com alto esforço. Muitas vezes vemos pessoas muito inteligentes, mas sem nenhuma energia e liderança. Importante nos apercebermos de quais são nossas habilidades natas para podermos aplicá-las e maximizá-las.

O mundo dos negócios, das empresas, das estratégias empresariais, das negociações, das relações humanas, sempre me atraiu. Via empresas boas e empresas nem tão boas. Era um mundo que me atraia. Me decidi então estudar Economia que, segundo eu entendia, seria um caminho que me levaria a equilibrar as minhas habilidades, o meu gosto e, quem sabe, com alguma sorte e esforço, lograr algum retorno financeiro.

Quando tomei essa decisão, eu ainda vivia em Portugal e estudava o último ano do secundário. Meu desejo era seguir os passos dos meus irmãos e ir estudar no Brasil. Meu pai não gostou nada da ideia e se negou a aceitar essa proposta. Não sei se aquela negação tinha a ver com a minha forma mais rebelde de ser ou se tinha a ver com a mudança que certamente deveria acontecer na vida dele. Poderia obrigá-lo a retornar ao Brasil, buscar um novo emprego e abandonar uma vida que tinha muito alta qualidade.

Naquela época eu não percebia o problema e achava seriamente que se tratava de uma perseguição, uma vez que meus irmãos não tiveram nenhum problema maior em irem fazer seus estudos no Brasil. Havia, adicionalmente, um problema de ordem financeira, pois ambos irmãos já estudavam em universidades privadas que na época e ainda hoje, custam muito. Meu pai via com certeza a dificuldade que seria em ter outro filho em uma universidade privada. Havia limites nas finanças da família.

Acho que nesse momento imperou a minha força de vontade, de perseguir o que eu desejava. Consegui com meus tios a residência que precisava, me inscrevi por alguns meses em um curso que preparava estudantes para o exame da universidade, chamado na época de vestibular, e assim fui à luta. Rapidamente consegui perceber que a qualidade dos estudos que eu havia recebido em Portugal era bem superior ao que meus companheiros de curso tinham recebido no Brasil. Consegui fazer o vestibular, passei com louvor em Economia em uma Universidade do Estado, e não privada. A Universidade do Estado do Rio de Janeiro, UERJ. Acho que meu pai conseguiu perceber que minha luta tinha valido a pena. Imediatamente me presenteou com uma passagem de férias para Portugal e me deu os parabéns.

Passados dois meses de férias merecidas, comecei a faculdade de economia da Universidade do Estado do Rio de Janeiro.

Acredito que meu pretendido equilíbrio era compensar alguma limitação de inteligência com um alto grau de esforço para lograr os objetivos, seguindo para tanto os ensinamentos de minha avó.

"01/11/2021 — Volta para o Brasil — Escrevendo a 10 mil pés de altura. Foi um excelente verão na Europa."

Logo percebi que o meio expediente da Universidade não me preenchia em 100% pois, como eu não era um estudante de me matar de ler e estudar, resolvi ir atrás de outro sonho que talvez estivesse no meu DNA... Voar, ser piloto como meu pai. Me inscrevi então em uma escola de pilotos no Aeroporto Santos Dumont. Meu pai não gostou nada da ideia, pois além de não querer que eu fosse piloto, achava que eu não poderia fazer as duas coisas com a devida qualidade. Ele tinha razão, mas na época eu ignorei a sua experiência e dei continuidade por mais algum tempo até que ele então me sugeriu uma ideia que me parecia coerente. Fazer imediatamente o exame de saúde para piloto e, caso fosse aprovado, eu deveria então trancar o curso de economia.

Feito o exame de saúde, veio o veredicto que eu jamais esperava: fui reprovado por causa de duas questões. O septo que dificultava minha respiração e a miopia que na época ainda era bem pequena, mas cujo veredicto indicava que deveria aumentar significativamente nos próximos anos. Fiquei furioso e achei que deveria ter o dedo do meu pai nessa decisão. Fui levado por ele aos examinadores que disseram que seria melhor que me cortassem naquela hora, para eu seguir uma outra profissão, do que me cortarem em cinco ou dez anos, o que faria eu ter perdido muito tempo na profissão errada. Naquela época, o uso de óculos até um certo grau, era proibitivo para a profissão. Hoje já não é o caso.

Interessante como há encruzilhadas na vida, onde parece que uma força superior te leva por um caminho que inicialmente nos parece completamente errado e injusto, mas que depois de 20, 30 anos, olhamos para trás e agradecemos. Essa encruzilhada entre o curso de Economia e o curso de Piloto foi uma delas. Hoje percebo que minhas limitações físicas eram avisos de que para a época eu não tinha as capacidades necessárias para ser piloto.

Vale dizer que em 2013, com 58 anos, depois de já ter entrado em um período de quase aposentadoria das atividades de trabalho diário, consegui fazer meu curso de piloto amador e passei a voar em Portugal em monomotores do Aero Clube de Portugal. Realizei um sonho antigo.

Logo percebi que as preocupações de meu pai tinham sentido. A profissão de piloto, além de demandar uma saúde muito boa, e nisso já havia intrinsecamente um risco alto, era uma profissão que se tornava repetitiva, embora a percepção da sociedade era um pouco diferente. Meu pai dizia que era um "chofer" sofisticado. Além disso, a automação logo tomou conta da profissão. A Inteligência artificial, o GPS e os computadores praticamente transformaram o avião em uma máquina que pode operar com a mínima interferência do homem. Claro que durante os últimos 40 anos, essa transformação foi acontecendo vagarosamente, mas o resultado é a queda real de remuneração da profissão, a desvalorização da profissão e a insatisfação do profissional piloto.

Também percebi com o meu curso de piloto amador que o prazer e sensação de voar se dão muito mais em aviões menores e com poucos recursos técnicos do que nos aviões comerciais de hoje.

Ao contrário da aviação, a profissão no mundo dos negócios é repleta de novidades, mudanças constantes, alterações geográficas, diferentes atividades e desafios.

Muitos se iludem e acham que a vida dos negócios é estar por detrás de uma mesa e isso não é excitante. Ledo engano.

O início na faculdade de Economia já indicava que a vida seria repleta de desafios. Nos primeiros meses, já tomei algumas lições e talvez a principal é que não se pode ser uma bom profissional sem esforço, estudo e experiência.

Todas as matérias tinham a aferição de desempenho através de duas provas, uma no 1º e outra no 2º semestre. Caso necessário, havia uma prova final. As provas deveriam ter uma média mínima de cinco pontos. Caso a média das duas provas iniciais fosse acima de 7, não haveria necessidade da prova final.

Eu, que vinha do sucesso do vestibular, de férias de 2 meses na Europa, de namoros em Portugal e no Brasil, não achava muito divertido me matar de estudar. Na 1ª prova de Contabilidade, levei uma lição que me acendeu o alerta, me desafiou e a lição serviu para o resto da minha vida. Levei um zero e o professor, que era uma pessoa muito temida pela sua postura muito conservadora e séria, me disse com todas as palavras: "Pode voltar para a praia. Ou você se inscreve em outro curso ou já pode se inscrever para repetir novamente o ano". Eu não podia acreditar no que havia escutado. Me havia chamado elegantemente de filhinho de papai, rato de praia e vagabundo ao mesmo tempo. O desafio estava lançado... eu precisava tirar um dez na 2ª prova e um 5 na prova final para passar de ano. O desafio foi tão grande que eu consegui tirar dez nas duas provas que faltavam e, no final do ano, fui convidado pelo professor temido para ingressar na firma de auditoria internacional em que ele trabalhava, como estagiário. Ele reconheceu meu esforço e admirou minha vontade de vencer aquela barreira que parecia impossível.

A lição para a vida foi: não se chega a nenhum lugar sem trabalho e esforço — e não subestime as barreiras adversárias. Devo essa lição ao professor Americo Matheus Florentino. Ele foi um professor que fez diferença para muitos.

"03/11/2021 — Porto Alegre — Jogando o Torneio Seniors no Leopoldina Tênis Clube. Já de volta ao Brasil emendei direto para jogar esse torneio."

Acredito que todos os jovens anseiam serem financeiramente independentes de seus pais. Uns mais, outros menos, mas no fundo é sempre um desconforto estarmos pedindo recursos para nossas atividades e termos que prestar contas. Acontece com todos. Quando vejo alguns jovens aos 25, 30, 35 anos ainda dentro de casa dos pais e dependentes, me vem logo a ideia de algum problema no processo de crescimento, educação ou outro, para gerar aquilo.

Eu tive o mesmo anseio de independência e ele veio bastante cedo.

Logo no 1º ano da faculdade, a Caixa Econômica Federal (CEF), solicitou à nossa Faculdade alguns estagiários para um serviço bem básico e burocrático, mas importante para os trabalhadores brasileiros. O pagamento de uma ajuda social chamada PIS. A CEF precisava de pessoas com alguma formação para fazer o controle do pagamento, verificar os dados do trabalhador e aprovar o pagamento. Para isso pagava um salário mínimo. Eu via naquilo uma oportunidade de iniciar alguma atividade profissional, ganhar algum recurso e começar a vida de independência financeira. Tenho que dizer que foi um pequeno primeiro passo, mas importante.

Essa experiência também me trouxe algum ensinamento que também carreguei para o resto de minha vida.

Durante esse estágio na CEF, surgiu uma oportunidade de se fazer uma outra atividade. Houve uma solicitação para quem quisesse ir trabalhar na agência do Ministério da Fazenda para abrir contas de poupança. Eu me candidatei imediatamente sem perguntar do que se tratava e quais as habilidades necessárias para desempenhar aquela função. Eu só tinha em mente que seria uma nova atividade, aprenderia algo adicional e a remuneração seria um pouquinho melhor. Aí fui eu.

Esse trabalho exigia claramente que a pessoa fosse exímia datilógrafa. Eu, como se diz na gíria, fui e até hoje ainda sou, "catador de milho". Muito lento. A consequência foi que a fila para abrir conta de poupança se estendeu significativamente e a reclamação foi imediata. No mesmo dia que cheguei, fui "convidado" pelo gerente a retornar de onde eu havia vindo. Não servia para aquela função. Lição aprendida. Antes de assumir qualquer compromisso, conheça bem as condições mínimas para desempenhar o trabalho. Não digo com isso que não se deve tomar riscos, mas eles devem ser analisados antes para não gerar desapontamentos para todos que se responsabilizaram por você.

De certa forma, aquele gerente que me enviou de volta, me salvou. Imagina se eu fosse um exímio datilógrafo e tivesse ficado nesse trabalho por um longo tempo. As oportunidades que eu teria perdido e que adiante aconteceram.

> *"06/11/2021 — Retornando ao Rio após torneio em Porto Alegre, com dois troféus na mala. Vice-Campeão de Simples e Campeão de Duplas na categoria +65 anos."*

Retornando ao local de origem, imediatamente saí em busca de algo que tivesse alinhado com as minhas habilidades, que até aquela data, eram ainda muito teóricas. Observava os classificados de empregos todos os dias. Essa vontade de obter um trabalho profissional, que me pudesse iniciar na área de Economia, Administração e Contabilidade foi não só impulsionada pelo desejo de independência financeira, mas também pelo fato que eu tinha começado a namorar seriamente aquela que seria minha esposa para toda a vida: Isabel. Hoje somos casados por 43 anos... uma vida juntos.

Apareceu então um anúncio que me chamou a atenção. Analista de Crédito Júnior. Não pediam experiência e apenas era necessário estar no 1º ano da faculdade de Economia, Contabilidade ou Administração. Candidatei-me imediatamente através de um currículo que de trabalho não dizia absolutamente nada, mas tinha uma variável bastante importante para aquele que me entrevistaria. O fato de já ter estado exposto a uma vida internacional, ter visto um pouco do mundo, ter uma excelente formação e o contato com Portugal. O gerente que me entrevistou e que seria meu chefe, era português e se interessou bastante em me ajudar nesse início de carreira profissional.

A entrevista foi muito interessante e me lembro perfeitamente da pergunta crucial que me fez. O que eu sabia fazer e o que já tinha feito? Respondi sem pestanejar: NADA. Disse para ele que caso fosse contratado, aquele seria meu primeiro emprego real e que de verdade eu não tinha nenhuma experiência. Só tinha a teoria da Universidade. Creio que a minha honestidade e franqueza o convenceram que eu seria o candidato perfeito, pois ele poderia moldar minha forma de trabalhar a seu critério. Também aprendi uma nova lição na vida. Nunca minta, pois a mentira efetivamente tem pernas curtas. A verdade, mesmo dura, é sempre melhor.

Nesta época, fui obrigado a passar a estudar no turno da noite para poder fazer frente ao regime integral que eu tinha no banco de investimentos.

Foi um período bastante intenso e de muito esforço. Para acrescentar ainda um pouco mais de recursos ao meu orçamento mensal, fui dar aulas de tênis em uma academia que na época era administrada pelo meu irmão. Até hoje eu não entendo como eu conseguia trabalhar o dia todo, estudar até as 9h da noite e depois dar aulas de tênis das 9h até a meia noite. Fiz isso por quase dois anos.

Foi uma fase de intenso aprendizado profissional e acadêmico. Fiz inúmeros cursos de complementação: Engenharia Financeira, Estatística pura e aplicada, Econometria, MBA, Projetos e outros mais. Sempre tive consciência de que faz diferença na vida o que você sabe e nada mais. Podem tirar tudo, propriedades, bens materiais e até a vida, mas não te podem tirar o que se conhece e o que se aprendeu. Por isso a educação é tão fundamental em qualquer fase da vida. É algo que levamos para toda a vida.

Durante os próximos três anos essa foi a rotina com alterações constantes de trabalho. Foi uma época muito rica de experiências, pois nesse período trabalhei em cinco organizações diferentes, bancos de investimentos, consultoria econômica, órgão nacional de estatística, banco de desenvolvimento e corretora de valores. Foi uma época em que eu dava tudo de mim para aprender. Trabalhava muito duro. Aprendi com uma mensagem de minha avó que jamais vou esquecer. Ela dizia e muito bem: "Você pode ser demitido por não ter inteligência suficiente, por ter cometido um erro, pelo fato de seu patrão não gostar de você, etc., mas jamais você deverá perder seu emprego por falta de esforço, por ser preguiçoso. Isso você jamais se perdoará". E ela tinha toda a razão. Graças ao meu esforço, todos os meus empregadores anteriores me desejavam de volta. A decisão de mudança para um novo emprego tinha sido sempre minha.

A maioria dos empregos que consegui foram graças ao meu desempenho anterior. Normalmente era um antigo chefe ou empregador que conhecia a minha capacidade e me recomendava. Até hoje, agradeço muito a eles de o terem feito, mas creio que também não se arrependeram da indicação, pois eu dava tudo de mim.

A situação financeira melhorou bastante quando consegui um emprego de Economista após a minha formação, no Órgão de Estatísticas do Governo. Com isso, decidi tomar uma decisão que sem dúvida foi uma das mais importantes de minha vida. Me casar e criar uma família.

Esse emprego teve vida curta, pois logo percebi que eu não estava alinhado com o trabalho de funcionário público. Também entendi imediatamente a diferença entre as atividades desenvolvidas por instituições públicas e privadas.

Casamento, Família e Filhos

Na época, em 1978, casar com idade ainda muito jovem não era tão incomum assim, mas definitivamente, com 23 anos, era muito cedo. Obviamente, na época, meus pais não se sentiram confortáveis com essa decisão. Achavam que era demasiadamente cedo e que eu não tinha a experiência e, quem sabe, a maturidade suficiente. Hoje, olhando retrospectivamente e me perguntando honestamente o que sentiria se tivesse sido comigo, eu os entendo.

Conheci Isabel na Universidade. Ela sempre foi muito boa estudante e muito aplicada. Era muito melhor estudante do que eu. Eu implicava muito com ela, no bom sentido, até que um belo dia ela pegou o pau da cadeira e me deu na cabeça. O professor de economia então disse: isso vai dar em casamento. E tinha razão.

Na época, as diferenças entre eu e minha futura esposa não poderiam ser maiores. Ela vinha de uma família bem mais humilde do que a minha, viviam em uma região da cidade não muito bem-vista, Duque de Caxias, no Estado do Rio de Janeiro. Não que Niterói fosse muito diferente. Seu pai trabalhava em uma pequena mercearia e comercializava produtos que comprava no mercado central. Sua mãe cuidava da casa. Minha família tinha boa situação financeira, meu pai já era comandante de avião há muitos anos, já tínhamos conhecido um pouco do mundo e morávamos em um bom bairro de Niterói. Minha mãe também era dona de casa.

Algumas coisas no entanto eram semelhantes. Eram famílias que haviam trabalhado duro e honestamente e tinham educado seus filhos da melhor forma possível. Todos os filhos de ambas famílias tinham logrado alcançar nível superior. O fato que minha futura esposa já tivesse também um emprego muito estável, no

Banco do Brasil, veio só a sustentar a ideia de que estávamos fazendo tudo certo para uma vida de sucesso.

Um fato curioso sobre as habilidades de cada um é que eu e Isabel tínhamos como objetivo entrar para o Banco do Brasil e fomos fazer juntos a inscrição para o concurso, mas eu desisti já na fila. Logo percebi que não era para mim. Tomei a decisão certa, pois possivelmente teria terminado como um péssimo funcionário e, ao mesmo tempo, frustrado comigo mesmo.

Em uma visita à casa de minha futura esposa, meus pais logo perceberam que talvez a minha decisão não estava tão errada assim, como veio a se comprovar tudo o que aconteceu nos 43 anos seguintes.

Tivemos duas filhas maravilhosas, que foram muito cedo expostas ao mundo. Ana Carolina e Juliana Cristina. Em nosso primeiro deslocamento profissional, fomos viver em Florianópolis e, três anos depois, em Londres. Essa exposição muito cedo em suas vidas as transformou em cidadãs do mundo.

Assim como hoje percebo em minhas netas, Lara e Elena, de como são diferentes, apesar de serem gêmeas, Carolina e Juliana não poderiam ser mais diferentes. Mesma educação em casa, mesmos princípios e valores introduzidos, mas como são diferentes.

Nós quatro estivemos juntos até Carolina e Juliana completarem 18 anos, quando foram estudar em universidades em outros países.

Muitos nos criticaram por deixá-las ir tão cedo. Sem dúvida, para a cultura latina, isso era na época uma loucura. Não só saírem de casa tão cedo, mas se transferirem para outros países. No caso de Carolina, a Inglaterra. Quatro anos depois, Juliana foi para a Suíça.

Isabel e eu fizemos tudo o que podíamos pela educação delas. Era nossa prioridade máxima. O objetivo era que tivessem uma formação excelente e fossem independentes. Acredito que tivemos sucesso.

Nossa base era que o conhecimento ninguém tira. Vale para toda a vida.

Acho que é verdade que todos os pais elogiam e têm orgulho de seus filhos. No meu caso não é diferente. Carolina e Juliana, embora tão diferentes, não podiam nos encher de mais orgulho. Cada uma dentro de suas qualidades se tornou, à sua maneira, independente. Ambas alavancaram a educação que receberam e hoje são cidadãs do mundo. Embora num mundo ainda extremamente dominado profissionalmente pelos homens, elas estão conseguindo destacar-se em suas respectivas áreas e são excelentes profissionais, esposas, amigas e, no caso da Carolina, excelente mãe também. Juliana ainda está planejando essa parte da vida. Parabéns para elas. Temos muito orgulho de nossas filhas.

Muito devemos a Isabel, pois durante bastante tempo, certo ou errado, coloquei demasiada atenção e foco na profissão, com óbvios benefícios financeiros para a família. Mas acredito que a participação de ambos foi importante. Acho que falhei nesse sentido. Hoje, com minhas netas, vejo o que perdi.

O casamento é mais uma encruzilhada cuja decisão pode dar certo ou errado. Honestamente é verdade que pouco sabemos da pessoa que estamos escolhendo para compartilhar a vida. É uma decisão puramente emocional e sentimental. Hoje, a grande maioria dos jovens compartem suas casas antes de se lançarem a uma casamento formal. Naquela época ainda era um escândalo. Acredito que os jovens de hoje são mais sábios nesse sentido. A convivência é extremamente difícil. Exige muita paciência dos dois. Soma-se a isso a fase em que o casal se encontra na vida quando a luta diária é muito dura.

Com todas as dificuldades normais de uma fase inicial, conseguimos construir uma vida em comum, e já se vão 43 anos.

Quando casamos, moramos por quase um ano em Niterói, na minha antiga casa de infância. Foi um retorno à rua de terra que agora já estava asfaltada. Mas a casa era basicamente a mesma e tivemos que nos adaptar a algumas deficiências de infraestrutura.

Foi uma fase em que tivemos que poupar bastante, pois o desejo era comprarmos nosso apartamento no Rio, o que nos facilitaria bastante a vida. E assim conseguimos. Através de financiamento da Caixa Econômica Federal, conseguimos comprar nosso primeiro apartamento. Era um três quartos, na Usina, muito bem localizado. Ali foi o pontapé para nossa vida independente. Estávamos muito felizes e ali foi também a primeira casa de nossa filha mais velha, Carolina.

Muita sorte tivemos do ponto de vista financeiro, pois naquela época, com a hiperinflação apertando o orçamento das famílias, o governo apresentou um benefício para aqueles que quisessem quitar a dívida. Ofereciam um desconto de 50%. Decidimos aceitar a proposta e basicamente compramos nosso primeiro apartamento por 50% do valor real dele. Muito bom para quem estava começando a vida.

O casamento é no meu entender um acordo movido no início por paixão e sentimento e que se formos racionalizar tem pouca probabilidade de dar certo. Aqueles que o conseguiram, e com certeza esse é o nosso caso, tiveram no meu entender um grande grau de sorte e, claro, de amor.

Ora, vejamos. Duas pessoas que normalmente se conhecem pouco e que vão passar por um sem-número de situações durante a vida, e que serão influenciadas por todas as variáveis que estão ao seu redor, tais como política, religião, princípios, valores, amigos, família, etc., resolvem ficar juntas para o resto de suas vidas, sejam quais forem as circunstâncias. Racionalmente, esse acordo tem pouca probabilidade de dar certo. Recentemente, ao redor de nossa família, vários casamentos se desfizeram.

Isabel é a quem tem que ser creditada a manutenção de nosso casamento — e eu agradeço muito por isso. Não foi fácil para ela. Parabéns.

Família

É um conceito interessante. Algumas questões se colocam. Quem é a nossa família? Até onde ela se extende? Quais obrigações temos com ela? Os novos agregados, cunhados, genros, maridos ou esposas das sobrinhas ou sobrinhos são da família?

Creio que família é uma organização que evolui e muda no tempo de vida.

"Rio de Janeiro, 07/11/21, de volta para casa. Dor no ciático. Não dá para escrever. Sentar dói muito.

"Rio de Janeiro, 17/11/21, ainda com muita dor no ciático, mas os remédios estão fazendo efeito. Durante este período de tratamento e de problemas de saúde, é que percebemos como somos frágeis e dependentes de nossa saúde. A vida praticamente para, o humor acaba, qualquer coisa chateia e tentamos as mais diversas soluções para acabar com o problema. Me vem também o pensamento de como os médicos são falhos. Normalmente quando tenho um problema, vou no mínimo a três médicos. Invariavelmente saio com diagnósticos e tratamentos diferentes. Normalmente decido pelo tratamento que a mim me parece mais condizente com o problema. Penso na quase cega dependência que temos desses profissionais e nos esquecemos que são humanos e, portanto, assim com nós, erram."

Mas, voltemos para o tema Família.

Família, como o termo é comumente usado, é um grupo de pessoas que têm algum laço de sangue. Será esse realmente o conceito que mais interessa, laços de sangue? Se assim for, teremos nesse conceito uma amostra da sociedade. Haverá pessoas cultas, ignorantes, boas, más, inteligentes, pouco inteligentes, com caráter, sem caráter, etc. Será um pequeno retrato de nossa sociedade, pois os laços de sangue não garantem nenhuma característica comum. Quando olhamos sobre esse conceito, realmente nos meus laços de sangue há um retrato da sociedade.

Para mim, o verdadeiro sentido de família, é um grupo de pessoas que você não mede limites para ajudar, para apoiar, aconteça o que acontecer. No limite, você dá sua vida por eles. Esse grupo poderá ter pessoas com laços de sangue ou não.

Esse universo a que me refiro, vai evoluindo à medida em que seu círculo se altera. Amigos se afastam, novos amigos se acercam, familiares que eram próximos em uma fase de sua vida e que se afastam, familiares distantes que se acercam, novos agregados que entram. Enfim, é um círculo que se altera para mais ou para menos na medida que nossa caminhada pela vida vai acontecendo.

A família, em seu conceito real, é sem dúvida muito importante. São princípios, conceitos, problemas, sucessos, planos. Esse grupo é aquele que se tem conforto em expor o que se pensa, em dividir planos, em organizar reuniões. Esse grupo estabelece teus princípios e valores.

Neste aspecto, a família é para a sociedade um grupo de pessoas, com ou sem laços de sangue, escolhida como estruturante. Terão características não semelhantes às nossas, mas que nos agradam, formada por pessoas a quem muito admiramos e das quais gostamos de estar próximos.

Muitos políticos e sociólogos expressam que a família é a base da sociedade. É a célula que retrata o DNA da sociedade e que vai refletir no comportamento e nos valores dessa sociedade.

No caso do Brasil, preocupa realmente os valores e princípios que as famílias brasileiras estão externando e passando para seus filhos. Vemos a "lei de Gérson", aquela do "quero levar vantagem em tudo" no nosso dia a dia: no trânsito, na fila, nos negócios, nas relações com o governo, nos políticos, etc. Vemos a atitude de que ser esperto e ser inteligente e passar os outros para trás sendo valorizada. A visão de que quem trabalha duro, trabalha honestamente e cuida de sua família é um idiota. A visão de que quem tem sucesso através do trabalho é desvirtuada pela sociedade para acreditar que na verdade esses se locupletaram de forma ilegal. Nossa sociedade está doente e no meu humilde entender essa doença só se cura com um único remédio: EDUCAÇÃO. Infelizmente esse remédio é de aplicação a longo prazo e só verdadeiros estadistas, que pensam no país e que não pensam no voto de curto prazo, conseguem-no aplicar.

Alguns países conseguiram fazer essa revolução e num tempo relativamente curto, transformaram suas sociedades. Infelizmente vejo isso muito distante de nosso país. Parece existir uma real estratégia de manter o nosso povo ignorante para dominá-lo.

Laços de sangue não garantem muita coisa. Vejo entre meus irmãos formas de pensar, de agir, de ver o mundo muito diferentes. Talvez exista alguma coincidência em alguns princípios éticos, mas mesmo aí existem diferenciações. Quase me arrisco a dizer que o laço de sangue não determina em nada o que é a família.

A família deve ser formada por laços naturais. Acredito que são efetivamente pessoas de quem você gosta de ter ao seu lado e, como afirmei, que você eventualmente daria a vida por elas.

Outro aspecto muito interessante no tema família é de como as relações familiares são diferentes entre as diferentes culturas. Hoje evidencio isso com muita clareza, com a entrada em nosso seio familiar de meus genros dos Estados Unidos e do México. Suas relações familiares são bem distintas das nossas. Evidencio isso também com as famílias portuguesas que conheço melhor. A forma de como se ajudam e quando se ajudam. A forma de como se falam. A quantidade de vezes que se veem. Podemos dizer que umas relações são mais frias que as outras, mas isso não é necessariamente verdade, pois pode se aproximar muitíssimo quando existe uma crise, principalmente se é uma crise de saúde ou financeira.

Sem dúvida, durante toda a minha vida, o grupo familiar sofreu muitas mudanças e ainda, com certeza, sofrerá mais. Antigamente era o círculo dos meu pais, irmãos, primos e tios, além de amigos próximos. Hoje, com o casamento, a vinda das filhas, a inclusão de sogros, o afastamento de alguns irmãos, de tios e primos, e o casamento das filhas e a inclusão de genros e, mais recentemente, das netas, o grupo familiar se alterou bastante. É um processo natural.

Na medida em que nossas filhas vão também tendo seus laços muito próximos, com seus maridos e filhas, nossas relações vão começando a se distanciar, a ficar mais sensível e a família vai evoluindo. Aconteceu comigo e meus pais e agora acontece conosco. É a realidade da vida. Lutamos e sofremos muito nesse processo, principalmente com o afastamento dos filhos, é bastante doloroso para os pais, mas é um fato. Muitos idosos, que necessitam no final de suas vidas do apoio psicológico e até financeiro dos filhos, sofrem muito com esse processo.

Hoje entendo bem a luta de meus pais para manterem um certo laço de proximidade e dependência minha com eles, que foi ficando bem diluída com meu afastamento geográfico por conta do trabalho e de minha confortável situação financeira. Restaram efetivamente os laços mais importantes, que são os sentimentos.

Eu me permitiria dizer que no conceito família, sempre estarão pais e filhos. Salve uma ruptura muito grave, essa relação sempre existirá. Escutei de um filósofo que os filhos não amam os pais da mesma forma que os pais amam os filhos. Concordo.

Na minha família de origem, meus pais e irmãos, me chamou muito atenção as formas diferentes de tratamento e de comportamento dos meus pais com todos. Tinham um forma de tratar cada um. Em uma fase da minha vida, achei até que não tinham muita proximidade comigo. Um amigo me indicou a leitura do livro *Born to Rebel*, que apresenta as diferentes formas de relacionamento de pais e filhos de acordo com a posição que alguém nasce na família. Está muito baseado em Darwin, que faz a conexão de como os animais tratam seus filhos. Pude entender melhor qual era minha posição na medida em que eu me situava naquela categoria, daqueles que são mais ou menos deixados ao seu próprio destino. Devem lutar por seu espaço. São os filhos que nem são primogênitos, nem filhos únicos. Devem lutar, como os animais, por recursos, por atenção, pela sobrevivência.

Com minhas filhas foi diferente, pois são somente duas e com idades bem diferenciadas.

Hoje, nosso círculo familiar tem sua comunicação prejudicada pelo distanciamento geográfico. Nossas filhas vivendo nos Estados Unidos e no México dificultam nosso acompanhamento e nosso contato no dia a dia. Temos inveja boa daqueles avós que, para ajudar suas famílias, vão buscar os netos na escola, vão ficar com os netos para os pais saírem ou vão ajudar seus filhos em alguma incumbência do dia a dia. Infelizmente isso não está ao nosso alcance. Também é verdade que nos preocupa o fato de não querermos colocar o nariz na vida deles, pois como dissemos, a vida é deles. Fazemos de duas a três viagens ao ano a esses países e contamos com a presença delas no Natal e Ano Novo. Sempre um período muito esperado, mas parece que este ano de 2022 não acontecerá... estamos tristes.

"Rio de Janeiro, 06/12/2021 — Depois de longa ausência, volto a escrever. Muita dor na coluna, tratamento e, apesar disso tudo, fui jogar o Campeonato Brasileiro em Itajaí, onde me sagrei campeão de duplas de duas categorias: +60 e +65. Devido aos problemas na coluna, não joguei o torneio de simples. Na semana que vem, já vamos de viagem para os USA e México, para Natal e Ano Novo com as meninas."

Voltemos à família.

O distanciamento que hoje sentimos em relação às nossas filhas é o preço que pagamos pelo desejo e determinação que tínhamos em lhes propiciar uma vida melhor. Nunca economizamos na educação e na cultura e elas escolheram o que queriam estudar, onde queriam estudar e onde queriam viver. E não nos arrependemos, mas o distanciamento que hoje sentimos às vezes dói.

Hoje, com as misturas de cultura na nossa família, há que se tomar cuidado para não se gerar atritos desnecessários, pois a forma de fazer as coisas são bem diferentes. Talvez a cultura mexicana esteja mais próxima da brasileira do que a americana, mas mesmo assim há diferenças significativas.

Nas relações mais próximas, com filhas, genros e netas, eu adotei a política de dizer o que penso uma única vez e cabe a eles avaliarem se há alguma validade naquilo que digo. Faço isso pois creio ser nossa responsabilidade como pessoas com mais experiência, de mostrar com base empírica o que pode acontecer. Essa atitude, certa ou errada, tira de nossos ombros o arrependimento de que poderíamos ter dito algo caso alguma coisa não ocorra bem.

As culturas diferentes, a transformação significativa na tecnologia e comunicação distanciaram o mundo deles do que foi o nosso. Sem dúvida nossa experiência foi em um mundo muito diferente mas o mesmo aconteceu em outras gerações. É o tradicional choque de gerações que sentimos na pele.

Interessante também as relações que temos com nossos irmãos, sobrinhos e primos que em uma fase da vida eram bastante próximos. Hoje, em muitos casos, são relações frias e distantes — e diferenças de ver o mundo abissais. Todos seguiram vidas completamente diferentes, de resultados diferentes no campo pessoal e financeiro.

Apesar das diferenças abissais da forma de ver a vida, quando minha mãe partiu e foi necessária a divisão de seus bens em conjunto com os bens de meu pai, não houve nenhuma discussão entre os seis filhos, o que de certa forma é muito raro. Muitas famílias são destruídas e se desintegram nesse processo. Felizmente os desejos de meus pais foram obedecidos, mesmo que não estivessem expostos em testamento. Só isso já indica que a tarefa de meus pais na educação de ética e de princípios durante nossas vidas tinha sido um sucesso.

Dizem que todas as famílias são iguais, só muda o endereço. Tendo a concordar com isso, pois, como disse anteriormente, é um estrato de nossa sociedade. Tem pessoas muito boas, pessoas nem tão boas assim, tem pessoas que se prestam a ajudar a todos, tem os que pensam só em si, tem os invejosos, tem os de bom caráter e os de mau caráter também. Ajuda quando a família tem uma homogeneidade de educação. As diferenças não podem ser creditadas à falta de educação.

No caso dos meus irmãos, não foi diferente. Não obstante termos tido basicamente a mesma educação, somos todos muito diferentes. Somos diferentes politicamente, religiosamente, na forma de educar nossos filhos e de ver a vida. Acredito que o mundo e a vida que vivemos após a infância comum, nos modificou muito. Essas diferenças nos afastaram e também as novas famílias de cada um foram se tornando naturalmente uma maior prioridade e também influenciadora de nossa forma de ser e de pensar.

Amigos

A amizade é algo precioso e fundamental na vida de todos. Quem não tem amigos perde uma grande mais-valia da vida. Acredito que os verdadeiros amigos são aqueles que simplesmente o são. Não te cobram nada.

Normalmente os verdadeiros amigos se apresentam quando você está com sérios problemas. Nessas situações, nos surpreendemos com aqueles que se apresentam para ajudar e aqueles que desaparecem.

Tive e tenho excepcionais amigos, que estão espalhados pelo mundo afora. Tenho muito orgulho disso. Tenho amigos em todas as camadas sociais, de todas as raças, de todos os credos e em todos os países por onde passei.

Eu sempre acho que não obstante a amizade não deve ser cobrada, ela deve ser “regada” e não esquecida. Nesse aspecto, o contato e a lembrança são uma estrada de duas vias.

Como já relatei, muitos amigos são mais importantes para nós do que alguns familiares. São amigos que têm atitudes, princípios e valores que respeitamos e admiramos.

Não se trata de pensar igual ou ter a mesma vertente política. A amizade é algo que não se explica.

Um dos meus melhores amigos, que infelizmente já se foi, era de vertente política contrária à minha, era flamenguista enquanto eu sou Fluminense e, mesmo assim, éramos grandes amigos. Tenho certeza que ele faria tudo por mim no caso de uma necessidade. Isso é amizade.

Interessante a relação entre amizade e poder. Quando estamos desenvolvendo nossa atividade profissional, sempre temos algum poder de decisão, seja em que função for. Nesse período, muitos se acercam e se fazem amigos. Nós, às vezes cegamente, às vezes de forma consciente, aceitamos essa aproximação e acreditamos que seja uma amizade verdadeira.

Inimigos

Pouco se escreve sobre aqueles que não são nossos amigos e - por que não dizê-lo ? - são nossos inimigos.

Inimigo é uma palavra forte. Dá uma sensação de guerra, de morte. Apesar de muitas vezes verbalizarmos que não os temos, a realidade nua e crua é que todos os temos.

Não me refiro àqueles inimigos na acepção da palavra, inimigos mortais, mas sim àqueles que não gostam da gente. Nós os temos em todas as áreas por onde passamos. Infância, adolescência, trabalho, família, esporte e outras áreas.

São originários das mais diversas causas. Por problemas da natureza humana, inveja, competição, traição, ou por algo que fizemos, às vezes até sem perceber.

Há aqueles que claramente conhecemos mas, os mais perigosos, são aqueles que não conhecemos, que podem sair de qualquer lado, sem os percebermos como tais.

Acredito ser importante saber por que os nossos inimigos existem e como foram gerados. Esse conhecimento produzirá, talvez, uma mudança em nosso comportamento para melhor.

Quando analiso alguns dos meus, percebo que são originários basicamente de três vertentes. Da inveja, da competição e da minha forma de pensar e de agir.

Como eu disse, tive e tenho uma vida ótima. Família organizada, todos trabalhando honestamente e com saúde. Temos todos boa estabilidade financeira e podemos nos deslocar para aonde quisermos e quando quisermos. Como se diz na gíria. "Não mexa senão estraga" ou "estamos com o burro na sombra" ou "estamos com a vida ganha". Essa bela situação gera muita inveja nas várias frentes. Em família, no trabalho, no esporte, no dia a dia. Não deveria ser assim pois nosso relativo sucesso vem do trabalho duro, da honestidade e da amizade. Claro que em todas as nossa vidas há um certo elemento de sorte e em termos tomado decisões corretas nas ínumeras encruzilhadas por onde passamos.

Verdade que sempre me dizem que eu deveria ser menos vocal sobre todas as regalias e a sorte que tenho tido. Falar menos e expor menos. A realidade é que não tenho nada a esconder e portanto gosto de compartir as belezas da minha vida e isso claramente gera inveja.

Muitos inimigos que conheço foram também gerados pela competição, principalmente quando eu ainda exercia funções executivas. São facilmente detectáveis pois agem com falta de caráter e de forma rasteira para te derrubarem. Como os conhecemos, são muito fáceis de serem controlados e administrados.

Da forma que coloquei, até parece que tenho milhares de inimigos. Não é assim. Os amigos, acredito, são infinitamente maiores.

E os inimigos que não conhecemos? Esses são os perigosos.

Só me recordo de uma situação em que não os percebi a tempo. Saíram de onde eu menos esperava. Me refiro à situação que enfrentei na Argentina com os companheiros da equipe de Tênis do Clube CASSI, em San Isidro, que se viraram contra mim, gratuitamente. Quando falarmos de países, farei uma referência a esse episódio. Felizmente foi um evento sem maiores consequências. Somente gerou tristeza em perceber que nós, humanos, podemos facilmente ser desumanos e falsos, pois eu os considerava amigos.

Esporte

Todos sabem como é importante o esporte para minha vida e, particularmente, o tênis, que se tornou o meu esporte para toda a vida.

Muito já se escreveu da importância do esporte para a vida das pessoas. No entanto há milhões de pessoas no mundo que não praticam nada. Na Europa sei que está em torno de 55% o nível de sedentarismo. No mundo, deve estar bem mais acima. Chutaria uma média de 80%. Somente 20% praticariam esportes de forma rotineira. São 100% sedentárias e passam a vida com outras atividades, tais como trabalhar longas horas, ver TV, ler, escrever, viajar, etc. Nenhuma crítica, pois cada um escolhe o seu estilo de vida.

No meu entender, o esporte traz muitas vantagens e também algumas desvantagens. Creio ser possível dividir o esporte nas seguintes categorias :

— Esporte Recreativo

— Esporte Competitivo Amador

— Esporte Competitivo Profissional

Todos eles atuam positivamente na saúde e no comportamento das pessoas. Acho até que o esporte recreativo, realizado de forma rotineira, traz mais benefícios à saúde física do que o esporte competitivo. Acredito que muitas vezes o esporte competitivo leva o indivíduo a extremos que no final podem na verdade trazer danos à saúde física.

Digo física pois os efeitos na saúde mental, além de serem muito difíceis de mensurar, creio que varia de pessoa para pessoa. Há pessoas que adoram a competição e outras que não gostam.

Tenho muitos amigos que passam longe do esporte competitivo. Não gostam da adrenalina, do sentimento de ser um contra o outro, das discussões que naturalmente acontecem. Temos que aceitar, pois as pessoas são diferentes.

Em minha própria família, filhas e esposa, vejo esse sentimento. Minha esposa se enquadra muito bem na categoria de prática de esporte recreativo. Pratica ginástica e agora *beach tennis* de forma bastante rotineira — e gosta muito. Sinto que gosta de jogar *beach tennis* e comenta os resultados, quem sabe imigrará para o esporte competitivo amador no futuro. Minhas filhas, em função do trabalho intenso e dos afazeres domésticos, gostam de se exercitar, mas são muito erráticas, não há rotina. O mesmo passava comigo quando trabalhava de forma intensa. Os tempos para o exercício eram mínimos. Hoje é diferente, acho que pratico um esporte amador competitivo. Não digo profissional pois não ganho nada financeiramente com isso, na verdade é ao contrário, gasto bastante para fazê-lo.

Jogo tênis desde os nove anos de idade. No período entre 14 e 17 anos, fui um dos melhores juvenis e juniores de Portugal. Como já comentei, aprendi a jogar no Estádio do Jamor, em Portugal, em uma escola administrada pelo Campeão de Portugal na época, Alfredo Vaz Pinto. O tênis entrou na minha vida por uma coincidência, por sorte. Não foi planejado.

Desde essa época, aí pelos idos de 1970, esse esporte entrou na minha vida, com momentos baixos e altos em participação e intensidade.

Desde o início participei de competições e acho que me tornei viciado no ambiente dos torneios. A adrenalina, o nervosismo antes e durante os jogos, a formação dos quadros, os *rankings*, a escalação das equipes para jogos de interclubes e nacionais, os troféus, às vezes os pagamentos em dinheiro, por mínimo que sejam. Tudo isso vira uma “cachaça”.... mas felizmente uma “cachaça” positiva.

Com 16, 17 anos, pensei seriamente se deveria me profissionalizar e levar o tênis ainda mais a sério. Fiz um estágio durante um mês de treinamento intensivo. Todos os dias tínhamos preparação física, preparação técnica e palestras. A saturação daquele mês me levou à conclusão que eu não seria um bom profissional do esporte. Percebi que poderia ser um jogador médio, mas sem muito sucesso. Percebi que talento é para poucos e o esporte só remunera e enobrece quem efetivamente se destaca. Talvez conseguisse ficar entre os 200 melhores profissionais de tênis no mundo, talvez nem isso, mas, como se diz, isso não enche barriga. Iria possivelmente terminar no longo prazo como um bom professor de tênis. Decidi então investir em uma outra profissão. Creio ter sido uma decisão acertada.

"Washington, 15 de dezembro de 2021. Viajamos para cá para passarmos o Natal com filha, netas e genro e depois passaremos o Ano Novo em Los Cabos no México."

Tanto já se escreveu sobre os benefícios do esporte. Gostaria no entanto de destacar dois que no meu entender são às vezes esquecidos: os benefícios mental e de atitude.

O esporte, principalmente para aqueles que são seniores, que é o meu caso, torna-se um passatempo, um "hobby", fantástico. Te mantém ativo e saudável, te permite fazer novos amigos, te estabelece objetivos, principalmente se o fizer competitivamente, te permite conhecer novos lugares.

O meu esporte, o tênis, ainda tem uma particularidade adicional que muitos outros não têm. Pode-se praticar tênis toda a vida por não haver contato físico. Claro que temos nossas lesões, como em qualquer esporte. Normalmente acontece quando exageramos. Em alguns outros esportes não existe essa possibilidade, pois a demanda física é muito mais alta.

O esporte também é fantástico para nos educar no que concerne ao caráter, princípios, personalidade, educação, amizade, equilíbrio e outras qualidades do ser humano. Em qualquer esporte, aprende-se a ganhar e a perder. Aprende-se a respeitar os adversários. Aprende-se a ser honesto e correto. Aprende-se a ser humilde. Aprende-se a ser educado com o adversário e com a audiência. Aprende-se a lutar pelo que é correto. Aprende-se a lutar até o final pela vitória.

O tênis, especificamente, por ser um esporte individual, embora também se jogue em dupla, é um esporte que nos ensina também o equilíbrio mental. Não dependemos de ninguém e não há como se esconder por detrás de uma equipe e de culpar outros por nossos próprios erros. Li sobre uma pesquisa de uma universidade americana, que o tênis é, depois do xadrez, o esporte com a maior exigência mental e psicológica.

Outra particularidade do tênis é que não há empate e você estará sempre convivendo com a derrota e a vitória. A derrota e a vitória estão até dentro dos *games*, pois constantemente você está ganhando e perdendo pontos e o convívio com esse sentimento é constante.

Hoje, o tênis é uma boa parte da minha vida. Virei um verdadeiro profissional após minha aposentadoria. Atualmente, jogo em muitos torneios pelo mundo da International Tennis Federation, da Confederação Brasileira de Tênis, da Federação Portuguesa de Ténis e da USTA United States Tennis Federation. Já fui Campeão Brasileiro, Campeão Português e a minha melhor classificação mundial foi em 2016 quando cheguei em 19º, em categoria simples, e em 5º, em duplas, na categoria de Seniores, obviamente. Tenho que deixar claro que esses logros são relativos a categorias na minha idade. Atualmente, jogo na categoria de 65 a 70 anos.

Hoje em dia pratico tênis quatro a cinco vezes por semana e acrescento algumas sessões de pilates, alongamento, ginásio.

Em 2021 joguei 15 Torneios ITF, dois Torneios da Fenaset, a Federação de Tenistas Seniores do Brasil, um Torneio da CBT, dois encontros do Nacional de Interclubes de Portugal e três torneios do clube a que pertenço no Rio de Janeiro, o Marina Barra Clube. Dizem que para a minha idade, é demasiado e eu entendo, mas o tênis e os esportes em geral são uma "cachaça".

Um fato interessante e que diz muito sobre o esporte e para mim sobre o tênis, é o fato que hoje tenho amigos do esporte nos quatro cantos do mundo. São muito mais que os amigos dos meus 40 anos de trabalho profissional.

A verdade é que quando você perde o poder que tinha quando trabalhava, seja que poder for esse, o de contratar, o de demitir, o de fazer investimentos e despesas, o de negociar com fornecedores, etc., os "amigos" desaparecem, embora os verdadeiros permaneçam. No esporte não é assim. Aqueles que são seus amigos, são porque gostam de você, da sua forma de ser. Não há interesse envolvido. Falando nisso, já no 2º dia em Washington, já joguei aqui com os amigos. Muito bom. Nesta última viagem aos Estados Unidos, em todas as cidades que paramos, San Diego, Los Angeles, Park City, Las Vegas e Washington, pude desfrutar com os amigos de bons jogos e excelente convivência.

Do tênis tenho histórias incríveis e muitas hilariantes. Cada partida, cada torneio, cada encontro tem sua história. Este livro não seria suficiente para contá-las, como se verá a seguir.

29/04/2022 - *Enquanto faço a revisão deste livro, estou na Flórida, Boca Raton, jogando o Mundial de Super Seniors de Equipes e Individual. No de Equipes, o Brasil conseguiu a posição de 6º lugar, que é uma posição bastante elogiável considerando que eram 18 países e que deixamos potências do esporte, como Itália, Suíça, Alemanha, Argentina e Holanda para trás. Tem sido muito bom também rever amigos de longa data do esporte.*

Vejo também que o esporte, seja ele qual for, tem a beleza de manter sua vida diversa e não a mesmice de todos os dias. É uma nova cidade, um novo clube, pessoas diferentes e com suas histórias particulares. Traz sempre uma nova emoção e faz a vida boa para ser vivida. Traz também tristezas, que fazem parte da vida, quando perdemos amigos para a idade e com doenças. A realidade é que um dia nos iremos. O importante é o caminho e não a chegada.

Trabalho & Profissão

O trabalho é algo fundamental na vida de qualquer pessoa. Se imaginarmos que mais ou menos um terço do nosso dia passamos trabalhando e que uma outra fatia de um terço passamos dormindo, podemos concluir que a metade de nossa vida passamos trabalhando.

Por essa única razão, é fundamental que façamos o que gostamos. É fundamental que tenhamos prazer naquilo que fazemos, pois além de fazermos bem, não seremos infelizes nem amargos pela vida.

Todo trabalho tem valor. Seja ele qual for. Infelizmente, em nossa sociedade isso não é verdade. Existe uma depreciação muito grande daqueles que trabalham em empregos de baixa remuneração. Existe uma gama enorme de profissões que são depreciadas e discriminadas na nossa sociedade. Funcionários da limpeza, motoristas de ônibus, carteiro, operário de obras, operário de fábrica, empregada doméstica e muitas outras, são exemplos de profissões extremamente desvalorizadas na nossa cultura. Minha experiência em outras culturas, nos Estados Unidos ou Europa por exemplo, mostrou qualquer trabalho realizado de forma honesta é respeitado e elogiado.

Conhecemos imediatamente quando uma pessoa gosta do que faz. Atende bem, fala com educação, escuta os outros, estende suas horas de trabalho, ajuda os outros no trabalho, os colegas gostam de trabalhar com a pessoa, são criativas e participativas. Quantas vezes já não deparamos com pessoas assim. O contrário também é verdadeiro. Já nos deparamos com pessoas de mau humor, sem educação, que se limitam ao seu trabalho e às suas horas de trabalho, os colegas se afastam, etc. Muito difícil trabalhar e liderar pessoas assim. Temos exemplos desses dois comportamentos diariamente.

Quando vejo alguém sem trabalho ou por sua própria culpa ou por culpa de uma situação de mercado, tenho muita tristeza. As vezes é um pai ou mãe que necessita levar o sustento da família, às vezes um jovem recém-terminado seus estudos, às vezes um profissional experiente e de qualidade. Nada mais verdadeiro que o dito "o trabalho enobrece o homem". Por isso temos que prezar e preservar o trabalho. Seja ele qual for.

Em nosso regime econômico e político, sempre considerei o trabalho e a relação que ele envolve como uma troca entre cliente e fornecedor. Uma verdadeira relação comercial onde ambas as partes devem estar satisfeitas em todos os aspectos dessa relação para que ela perdure. O indivíduo vende seu trabalho, seu serviço e seu esforço, e a empresa ou patrão, devolve não só uma remuneração financeira, mas também desenvolvimento, experiência, futuro e outros benefícios nem sempre mensuráveis. Para que esta relação perdure, este equilíbrio deve estar sempre presente em todo o caminho profissional. Pode ser que em um determinado momento exista o equilíbrio, mas logo adiante, uns anos à frente o desequilíbrio possa existir.

Minha avó por parte de mãe, que modéstia a parte, era muito sábia, vendo-me um dia muito preocupado com meu trabalho e que eu estava trabalhando longas horas e me esforçando muito, mas que as coisas não iam bem, disse algo que nunca esqueci: "Você pode ser demitido por falta de inteligência, pelo seu chefe não gostar de si, por um erro que você tenha cometido, por ter gente demais na empresa, por um problema de falta de clientes ou um problema financeiro da empresa mas, nunca seja demitido por falta de esforço. Isso é algo que você não poderá se permitir, pois vai se torturar por não ter dado o máximo". Ela tinha toda a razão.

Essa foi uma das razões que a maioria de meus superiores sempre apreciaram o meu esforço e dedicação.

Outro aspecto que sempre me guiei e muitos não gostam desses mandamentos, mas eles falam muito sobre a minha forma de atuar: são os mandamentos de Gifford Pinchot III para o intraempreendedor. Aquele que empreende dentro das empresas.

1. Vá trabalhar todos os dias disposto a ser demitido.
2. Negue-se a executar as ordens recebidas que vão contra seus objetivos e sonhos.
3. Faça todo e qualquer trabalho necessário para lograr seus objetivos independente de ser sua função.
4. Encontre pessoas para ajudá-lo.
5. Siga sua intuição sobre as pessoas que você escolher e trabalhe com as melhores.
6. Trabalhe na "surdina". A publicidade aciona o sistema imunológico corporativo.
7. Nunca aposte em uma corrida a menos que você esteja participando dela.
8. É mais fácil pedir perdão do que permissão.
9. Seja fiel ao seu objetivo e realista sobre os caminhos para alcançá-lo.
10. Honre seus líderes.

Sei que alguns desses mandamentos são controversos e alguns contrários a uma organização muito disciplinada e hierarquizada. Mas esses mandamentos me tocaram durante toda minha carreira. Aquele que gosta de realizar, que gosta de inovar, que trabalha duro para lograr seus objetivos, que gosta de crescer dentro da empresa, com certeza verá ecoar em si alguns desses mandamentos.

Trabalhei formalmente como empregado por 40 anos — dos 18 aos 58 anos. Embora ainda hoje seja sócio de uma empresa de consultoria, a verdade é que pouco trabalho profissional realizo. Hoje me dedico mais a trabalhos voluntários, a ajudar outros profissionais com algum aconselhamento e consultoria — e grande parte do tempo jogo torneios de tênis pelo mundo afora. Encontrei recentemente uma forma de desfrutar a vida e mesmo assim ajudar as instituições sociais sérias. A cada *game* que ganho, separo cinco dólares para os Médicos sem Fronteiras, uma instituição que respeito por não ser politicamente envolvida, neutra e que se dedica única e exclusivamente a ajudar os mais necessitados.

Posso dividir esses 40 anos de trabalho a que me referi em três fases muito bem definidas: 12 anos de experiência e de diversidade laboral, 25 anos de desenvolvimento profissional em uma única organização multinacional e três anos de trabalhos diversos e de aproximação da aposentadoria.

Dos 18 aos 30 anos, trabalhei para 10 diferentes empresas. Alguém poderia imaginar que por se tratar de um mal empregado eu era sempre demitido e por isso trocava permanentemente de trabalho. Naquela época, diferente de hoje, a troca constante de trabalho e a permanência por poucos anos em uma empresa não era muito bem-vista, pois dava a entender alguma forma de instabilidade. Acredito no entanto que foi exatamente ao contrário. Todas as vezes que troquei de emprego, foi por decisão minha. Ou era uma nova oportunidade em uma área distinta que eu ainda não tinha exercido, o que me levava a ganhar experiência, ou era por um aumento significativo de salário. Para minha felicidade, todos meus chefes anteriores me queriam de volta devido à qualidade de meu trabalho.

Nesses 12 anos, ganhei muita experiência por ter funções muito diversificadas. Trabalhei em Banco de Investimento, em Consultoria de Projetos, em Banco de Investimentos do Canadá, em Órgão Governamental de Estatística, em Banco de Desenvolvimento do Estado, em Corretora de Valores, em Holding de Investimentos Imobiliários. Exerci muitas funções diferentes. Analista de Crédito, Consultor, Analista de Projetos, Economista, Analista de Investimentos e Diretor Adjunto de Finanças.

Foi uma fase muito intensa, tanto no aspecto laboral como pessoal e familiar. Nessa fase adquiri muito "jogo de cintura", aprendi a lidar com problemas difíceis e estressantes, o que me deu muita capacidade profissional. No âmbito familiar, foi uma fase onde me casei e tivemos nossa primeira filha.

Aprendi bastante sobre as minhas qualidades de trabalho, mas também e principalmente sobre meus defeitos. Percebi nesse período que eu não me ajustava a trabalhos burocráticos e repetitivos. Precisava ser algo que tivesse alguma diversidade. Aprendi que não servia para a função pública. Experimentei a função pública por duas vezes, no Órgão de Estatísticas do Brasil e no Banco de Desenvolvimento do Rio de Janeiro, e efetivamente não consegui me adaptar. Definitivamente eu deveria concentrar meus esforços na área privada.

Aprendi que dos inúmeros defeitos que tenho, um deles era de rapidamente perder o interesse caso o trabalho não tivesse mais mistérios, tornando-se repetitivo. Por isso a troca constante de emprego nesse período. Aprendi que os mandamentos de Pinchot tinham muito a ver comigo. Eu desafiava as empresas e meus chefes para alcançar novos objetivos. Às vezes isso não era muito bem apreciado por colegas que me enxergavam com ambição extrema. Eu tinha que ser mais "político". Aqueles chefes que gostavam de resultado, apreciavam muito meu trabalho e para mim era o que importava.

Desde logo percebi também que para dar o devido conforto à minha família, a parte financeira do acordo com a empresa era muito importante. Isso não quer dizer que eu me tornaria um mercenário, pois ainda me encontrava em uma fase de adquirir experiência, mas sem dúvida, quando chegavam propostas, a parte financeira era importante.

Importante aqui destacar que tomei muitos riscos na constante troca de emprego. O fato de que minha esposa tinha um emprego 100% estável, trabalhava no Banco do Brasil — que nessa época era um emprego almejado por muitos por sua estabilidade e também pelos bons salários —, permitiram-me tomar esses riscos e investir na minha carreira.

Nesse período, além das constantes trocas de emprego, também investi muito em meu desenvolvimento acadêmico, fazendo inúmeros cursos de extensão. Engenharia Financeira, Estatística Aplicada, Pós-Graduação em Finanças e muitos outros.

Diferente de muitos profissionais que tiveram uma formação mais disciplinada e mais estruturada, a minha foi feita na "vida real" e não tanto nos bancos da Universidade.

Essa minha experiência com vários empregadores e várias áreas diferentes, não era muito comum na época, pois a maioria buscava estabilidade ou em um cargo público ou em uma empresa privada estável. O que fiz foi sem dúvida arriscado no meu entender, mas rendeu seus frutos, pois tive conhecimento bastante diverso para enfrentar os desafios que estavam por vir.

Isabel e eu talvez não tenhamos planejado tanto assim, mas o fato é que conseguimos nos equilibrar diante dos riscos, pois enquanto eu ia arriscando de um emprego para o outro e subindo salarialmente e em cargos, ela estava num emprego de baixo risco, mas capaz de prover o básico no caso de um passo em falso.

Essa fase de mudanças constantes de emprego terminou quando consegui entrar na Souza Cruz, empresa que juntava todos os aspectos que eu sempre gostei. De tempos em tempos, entre dois e quatro anos, te ofereciam uma nova oportunidade de trabalho, normalmente uma promoção, obviamente desde que você estivesse dando resultados e seus chefes te reconhecessem com a capacidade de crescer. A Souza Cruz, controlada pela British American Tobacco, conseguiu juntar, durante os 25 anos que lá estive, todas as qualidades de um grande empregador. Boa remuneração, trabalhos muito interessantes e desafiadores e desenvolvimento técnico. A empresa e o grupo só tinham um problema. O produto cigarro era odiado pela grande maioria da população e eu não era e nunca fui fumante. O aspecto de eu não ser fumante, nunca foi um incômodo dentro da empresa. Nunca fomos discriminados por isso.

Na empresa que dediquei 25 anos de minha vida, foram institucionalizados a partir de uma determinada época alguns princípios que eram uma forma de consolidar a cultura interna. Eram eles:

» "Freedom through Responsability" — Liberdade com Responsabilidade

» "Entreprising Spirit" — Espírito Empreendedor

» "Strenght through Diversity" — Fortaleza na Diversidade

» "Open Minded" — Mente Aberta

Esses princípios me deixaram cheio de orgulho em relação à empresa para quem eu trabalhava, pois eles tinham muito a ver com a minha forma de ser e de trabalhar. De certa forma, alguns mandamentos de Pinchot estavam ali refletidos.

Tenho que dizer que foram 25 anos maravilhosos, pois além de conseguir alcançar cargos altos na empresa, eu fazia o que gostava, o que para mim era o mais importante. Exerci funções de gerente financeiro, diretor financeiro, gerente de aquisições e de gerência geral, além de CEO das empresas da BAT nos países para onde fui designado. Tive a oportunidade ímpar de trabalhar em vários países: Inglaterra, Argentina, Peru, Equador, Uruguai, Bolívia, Polônia, Sérvia, Montenegro, Croácia, Eslovênia, Bósnia e Albânia. Pude expor minha família a uma riqueza cultural fantástica, minhas filhas conseguiram ser educadas nas melhores escolas e universidades do mundo e isso tudo ao mesmo tempo em que eu fazia o que gostava.

É claro que esses 25 anos não foram só flores. Tive situações complicadas e por duas vezes apresentei minha carta de demissão por não concordar com algumas decisões e perspectivas. Nas duas vezes, eu tinha obviamente outros empregos em vista. Mesmo assim, decidi continuar até 2010.

A competição interna também era feroz, mas percebi que na empresa imperava a meritocracia, o que para mim era uma regra fundamental. Tive excelentes resultados em alguns projetos que participei, mas também tive fracassos.

O produto, sem dúvida, foi sempre um incômodo no meu subconsciente. Todos sabíamos que o cigarro fazia mal para a saúde do consumidor. A sociedade em geral não aprovava e ainda não aprova o produto devido aos malefícios que causa. A grande maioria de minha família não fumava e eu e minha esposa tampouco. A sociedade e a família me cobravam constantemente, pois viam como eu estava subindo na escala social com aquele trabalho.

O incômodo sempre foi a postura que a sociedade tinha em relação ao que fazíamos e ao que vendíamos. Esse incômodo era traduzido nos comentários dentro da família, entre os amigos, nas relações externas com governos, jornalistas, fornecedores e sociedade em geral.

Tratando-se de um produto que efetivamente traz danos à saúde, a sociedade em geral não percebia nenhum benefício em ter o cigarro como produto disponível nas prateleiras. Não conseguia entender o prazer que aquele produto trazia a milhares de consumidores pelo mundo a fora e a liberdade que esses consumidores têm em escolher por sua conta se querem ou não consumir esse produto.

A "perseguição" àqueles que trabalham ou trabalharam na indústria de cigarros é permanente. Até hoje escuto comentários malignos de que minha qualidade de vida dependeu de muitos consumirem esse produto nocivo. Esquecem que se tratava de um produto legal, que o consumidor tinha liberdade de escolher, de uma empresa que sempre cumpriu à risca todas as leis e regulamentos de onde opera.

Hoje vemos em muitos países a liberação do consumo de drogas, de maconha, e a continuação das restrições ao consumo do cigarro. Não me parece nada coerente esse processo. Me custa a entender essa falta de racionalidade.

A realidade é que a qualidade da empresa para quem eu trabalhava, compensava todo esse problema. Também cheguei à conclusão que a empresa fazia todo o esforço em informar ao consumidor sobre os malefícios do produto, cumpria com todos os aspectos legais de sua venda e sua batalha maior era com a concorrência. O produto era e ainda é um produto legal e todos são livres para o consumi-lo ou não. Além disso tudo, nunca me senti discriminado ou preterido dentro da empresa pelo fato de eu não ser fumante.

Como disse, foi um período de muita felicidade profissional, que perdurou por 24 anos.

A mudança estratégica e de princípios da empresa, que coincidiu com a entrada de um novo CEO do grupo, me deram a sinalização que talvez fosse o momento de eu partir. Aqueles princípios que me guiavam, foram simplesmente abandonados, o grupo passou a uma centralização de decisões enorme. Todas as decisões importantes eram tomadas na matriz e definitivamente eu não estava alinhado com os novos caminhos do grupo. Coincidentemente, a nova administração do grupo tinha o mesmo sentimento e não foi com surpresa que recebi o aviso que eles estariam me aposentando com os 25 anos de empresa, que coincidia com os meus 55 anos de idade. A falta de caráter das pessoas que fizeram o processo também me sinalizou que já não era o grupo para quem eu deveria trabalhar. Em resumo, saí no momento certo, pois caso tivesse ficado, possivelmente me tornaria um empregado rabugento, triste e desmotivado. Tudo aquilo que eu sempre refutei em ser.

Como eu disse, o emprego deve ser um acordo em que ambas as partes devem estar de acordo e felizes. Curiosamente, minha saída da British American Tobacco coincidiu que ambas as partes estavam insatisfeitas, o que facilitou muito a ruptura definitiva. O equilíbrio entre as partes tinha sido rompido. Era então o momento de partir.

Na BAT, como na sociedade, há pessoas íntegras e também as sem caráter. Talvez a competitividade por alcançar cargos mais altos desvirtue as pessoas que se vendem por sucesso.

Os três anos seguintes foram muito interessantes, pois novamente a diversificação de atividades continuou.

Logo que saí da British American Tobacco, me vi aposentado ainda bem jovem e portanto com energia e estabilidade financeira para fazer muitas outras atividades. Resolvi fazer um "bucket list", uma lista de desejos de coisas que gostaria de fazer ainda nesta vida. Essa lista envolveu desde tirar licença de voo, de barco, de fazer trabalhos voluntários, de jogar torneios internacionais de tênis, de atravessar o oceano em um veleiro e também de ainda desenvolver alguma outra atividade profissional.

Durante os anos seguintes, dediquei-me a realizar esses objetivos e sonhos. Do ponto de vista profissional, ingressei como CEO de um grupo petroquímico português com atividades em Portugal, Brasil, México e Canadá. Tratava-se de um grupo familiar, com sérios problemas financeiros e de administração. Durante um ano consegui fazer um bom trabalho e de certa forma o grupo começou a se reerguer. Infelizmente a interferência familiar e alguns princípios éticos e gerencias diferentes dos nossos fizeram que eu tomasse a decisão certa de me afastar. Não levou muito tempo para que o grupo tivesse sérios problemas no processo famoso em Portugal do Banco Espírito Santo.

A partir daí decidi, junto com alguns amigos que trabalharam na BAT, de estruturar uma empresa de consultoria que pudesse usar nossas capacidades adquiridas naquela empresa e naquela indústria. Exploramos essa ideia por quatro anos, tivemos alguns projetos de sucesso, mas nada muito significativo.

Muitos associam o trabalho e emprego às atividades remuneradas financeiramente. A partir do momento em que passei a desempenhar algumas atividades de voluntário, percebi que muitas vezes algumas atividades não remuneradas têm muito mais valor do que outras remuneradas.

Durante os anos que sucederam a aposentadoria na BAT, tive experiências ímpares na área de voluntário, como foi o caso da leitura que eu realizava para detentos na penitenciária de Lisboa, as aulas de finanças básicas que dei para idosos na Cruz Vermelha Portuguesa e também as aulas de finanças básicas que dei em uma organização social no Rio de Janeiro, Lar do Frei Luis. A remuneração emocional que recebemos é de longe muito superior à qualquer remuneração financeira. São atividades que quero voltar a realizar.

Uma palavra sobre o trabalho hoje. O mundo evoluiu muitíssimo e espero que para melhor. Com a revolução tecnológica, as profissões mudaram muito e o trabalho também. Comecei em uma época que não havia computador. Era tudo manual. Terminei em um mundo onde é inconcebível a falta do computador e do celular. Hoje é real o trabalho remoto, em casa, os escritórios são meros lugares de encontros. As reuniões são virtuais. Isso tudo está trazendo uma revolução no comportamento e relacionamento de empregados e patrões.

Uma palavra sobre as mulheres e o trabalho. Olho com muito orgulho as minhas filhas se desenvolvendo profissionalmente e sendo independentes. Vejo que a sociedade não está ainda preparada para que as mulheres possam equilibrar bem o trabalho profissional com a função materna. Isso exige delas um esforço extremo para que tenham as duas áreas equilibradas. Falta legislação e regulamentação para dar suporte. Para que as empresas sejam obrigadas a dar tratamento igual e tenham sua competitividade garantida, é necessário que nossos legisladores trabalhem nesse sentido, senão algumas empresas o farão e outras não.

Algumas lições que tirei desses 40 anos de trabalho remunerado e alguns poucos anos de trabalho voluntário:

— Cuidado com o equilíbrio trabalho e família. Essa é uma área em que reconheço que falhei. Na medida que me dediquei com toda a minha força à profissão e ao trabalho, claro que em prol de uma vida confortável para a família, negligenciei o acompanhamento que todo o pai deve dar a seus filhos. Minha esposa cumpriu muito mais esse papel e de certa forma compensou minhas ausências. Agora, ao ver minhas netas crescerem, vejo que perdi muito. Não consegui um bom equilíbrio nesse aspecto. Não faça do seu trabalho a sua vida. Nada mais certo do ditado "não viva para trabalhar mas sim trabalhe para viver". Infelizmente somente após minha aposentadoria percebi realmente que há muita vida fora do seu trabalho e de seu dia a dia.

— Nunca pense que já sabe tudo. Aprendemos até ao final da vida. Continue se atualizando e aprendendo novos ofícios. Conhecimento não ocupa lugar. Minha querida avó dizia do alto de sua sabedoria: Podem te tirar tudo, bens materiais, o trabalho, a qualidade de sua vida e tudo o mais, só não podem tirar o seu conhecimento, esse é seu patrimônio e ninguém o rouba. A quantidade de cursos, escolas técnicas, universidades e a diversidade de áreas do conhecimento que estão disponíveis hoje, deixam-me com inveja da juventude de hoje. Gostaria de ter nascido hoje. Fico impressionado com as oportunidades que hoje existem.

— Reserve algo de sua remuneração para o amanhã. Ou seja para uma crise de falta de emprego, de doença ou mesmo para a aposentadoria. Esta é uma área que eu e Isabel tivemos muito sucesso. Desde o início, decidimos separar um máximo de 50% de nossos ganhos para poupar. A poupança ou era financeira ou através da compra de imóvel. Isso hoje está fazendo uma diferença muito importante. Nosso patrimônio nos permite ter uma vida confortável. Um outro aspecto importante dessa atitude é que te força a não gastar em supérfluos. Nossa condição financeira e executiva teria nos permitido viajar sempre de 1ª classe, de frequentar os melhores hotéis e restaurantes, em comprar roupas, joias e outros bens luxuosos e de ter sempre o carro do ano. Nunca fizemos isso e sempre separamos bastante para o amanhã, sem por isso deixar de desfrutar da vida. Viajávamos e também íamos a lugares bons, mas nunca esbanjamos. Quando vejo as crises que hoje despontam no caminho das pessoas, epidemia, falta de emprego, doenças, me dá a certeza que nossa forma de administrar nossos ganhos estava corretíssima.

— Não faça economia na educação de seus filhos. Você nunca verá o retorno desse investimento, pois ele é de muito longo prazo, mas estará presente na vida de seus filhos, de seus netos e de seus descendentes. O conhecimento é o único bem que ninguém poderá tirar deles. Esse será seu legado mais importante. Bens materiais podem acabar, mas o conhecimento não termina nunca.

— Não abra mão dos princípios de que você acredita, principalmente os éticos. Eles não devem ser negociados. Sempre digo que não há preço por uma boa noite de sono e a tranquilidade do dever cumprido.

— Às vezes um sorriso ou um obrigado de um adulto, criança ou idoso vale mais do que milhões na conta. O trabalho voluntário tem muitas vezes muito mais valor do que um trabalho remunerado.

— Todo trabalho honesto é importante e digno. Tem valor. Não deprecie aqueles que têm funções mais básicas na escala social.

Política e Geopolítica

Aristóteles já dizia: "O homem é um animal político". E quem sou eu para discordar de Aristóteles. O fato de vivermos juntos, de termos que determinar alocação de recursos para educação, infraestrutura, saúde, energia e outras áreas, já por si determina muitas perguntas.

Como vamos gerar recursos? Como vamos alocar os recursos entre aqueles que trabalham, aqueles que têm as ideias, aqueles que arriscam, aqueles que têm limitações, aqueles que nos defendem, etc.?

Todos os trabalhos são iguais ou devem ser diferenciados?

Quais são as prioridades? Que tipo de direitos e obrigações os indivíduos têm? Quais as liberdades que cada indivíduo tem?

São milhões de perguntas que a política tenta responder através da indicação de um caminho. Embora eu acredite que no final todos desejamos o mesmo, ou seja, ter serviços de educação e saúde de bom nível, ter trabalho, ter segurança, ter boas condições de sustentar a família, ter boa infraestrutura de água, esgoto e energia, a verdade é de que a realidade é bem outra. Os vários caminhos da política têm nos levado a desastres enormes, principalmente em nosso país.

A experiência da ditadura, da esquerda e mais recentemente da direita pela via militar, não nos levou a grandes melhorias da qualidade de vida de nosso povo. Podemos encontrar várias desculpas para que nosso povo ainda tenha sérios problemas em todas as áreas descritas. Nosso passado, a limitação dos militares ditadores, a corrupção extensiva dos governos de esquerda e a pandemia que dizimou milhares de pessoas e prejudicou em muito os negócios e os períodos recentes da política de direita. São razões que podem justificar algum atraso mas não são de fundo.

Eu sempre acreditei que o valor de um povo está no conhecimento que detém e não necessariamente nos recursos naturais que possui. Estão aí países como Alemanha, Japão, Inglaterra, Suíça, Singapura e alguns outros que não dispõem de recursos naturais, mas estão na vanguarda do desenvolvimento. A única explicação plausível é em relação ao conhecimento, a tecnologia, ao trabalho sério que realizaram. Sem educação não há esperança em nenhuma área. Continuaremos tropeçando e encontrando desculpas para nossos problemas.

Sou pela liberdade de expressão e de ação. Sou contra estados grandes tomando ações em todas as áreas. As intervenções estatais na execução e produção resultaram sempre em empresas ineficientes, cabides de emprego e corrupção. Sou por uma economia liberal e acredito na força da mão invisível do mercado. Claro que o Estado deve regular para que o capitalismo selvagem não se aproveite do indivíduo e distorça as forças do mercado através dos monopólios e cartéis.

A força da liberdade e as demandas e desejos do indivíduo já derrubaram ditaduras de esquerda e de direita.

Acredito que todos deveriam ter garantido por qualquer sistema uma boa educação, boa saúde e oportunidades iguais. As diferenças de sucesso de cada um devem ser creditadas ao esforço, inteligência, sorte, habilidade, liderança de cada um. Sou terminantemente contra as cotas relativas à raça, gênero e minorias, mas acredito em cotas sociais para dar as mesmas oportunidades para todos.

"Natal, 25/12/2021. Washington.

Natal nos faz pensar sempre quantas diferenças há no mundo. Crianças com abundância de brinquedos, comida na mesa e família; e outras com fome, sem presentes e sem família. Os gestos de solidariedade são poucos. Ofereci para a família se desfazer dos brinquedos antigos em prol de crianças carentes, mas a proposta foi respondida com a observação que já fazem isso. Propus que levássemos algumas roupas para pessoas que estavam na rua em Washington e observaram que poderia ser perigoso. Minha ideia era também mostrar para minhas netas o quão deveriam agradecer de ter tanto e reconhecer que existe um outro lado da vida.

Sinto que existe o problema de que "the idea which was not invented here is not good". "Percebemos também um sentimento de que tudo que propomos ou sugerimos não é bem visto. Parece que não há uma boa vontade em nos agradar. Não sei se eu também fazia isso com meus pais. Acho que não. Pelo contrário. Sempre que nos visitavam tentávamos fazê-los sentir em casa e agradá-los em que pudéssemos. Sentimos que conosco não é bem assim. Novamente, talvez seja o choque de culturas, de gerações. Ou talvez a causa seja o nosso comportamento.

Tiraram uma mesa que nos servia para o café da manhã, sem comentar com a gente. Talvez pensaram que poderíamos tomar café lá em cima. Se esse fosse o caso poderiam ter comentado conosco.

Mas família é isso mesmo. Quem não tem problemas que atire a primeira pedra...

Pensei em sugerir a contratação de um Papai Noel para que a fantasia fosse mais real, mas não me atrevi. Achei que seria mais uma negativa. Achei que iam tocar um sino para indicar a presença do Papai Noel mas nada.... Minha esposa sugeriu a compra de um presépio para um pequeno gesto simbólico o que foi rechaçado completamente. Enfim, o choque de culturas e de gerações é patente. Nos sentimos meio intrusos. Talvez chegue um tempo em que a saúde ou alguma carência financeira não nos permita vir mais. Será que vão sentir falta?

No final foi legal, mas faltou emoção. Passamos a noite de Natal e o almoço do dia seguinte juntos, o que foi muito bom. Mas não pude colocar uma bola de sorvete em minha rabanada, pois a ideia foi rechaçada.

Mas tudo passa com o tempo e acredito que esses sentimentos nossas filhas também sentirão quando tiverem seus netos e genros.

São mais três dias antes de irmos para Los Cabos, onde está nossa filha mais nova."

Continuemos com a política.

Percebo que o equilíbrio entre uma economia liberal, um estado pequeno, impostos reduzidos, a liberdade de expressão, a liberdade do indivíduo empreender e investimentos de longo prazo e a justiça social e oportunidades iguais, é muito difícil de alcançar, principalmente em sociedades que têm a corrupção impregnada em todos os escalões, em que a "lei de Gérson" impera e as diferenças já são abismais. Por que algumas sociedades lograram chegar mais perto desse equilíbrio e outras não?

Sem dúvida, há de se reconhecer que Europa, USA, Japão, Canadá, Austrália e outros conseguiram um melhor equilíbrio. Pergunto-me se há algum outro ingrediente e variável além do trabalho duro, da força de vontade, da luta permanente por um objetivo. Será que a colonização, a extrema facilidade de recursos naturais, o clima, o fato que nunca tivemos efetivamente de lutar por nossa liberdade e ideais, seriam fatores que nos fizeram ser preguiçosos, passivos, deixando simplesmente as coisas como estão ?

Já pensei várias vezes em entrar para a política para poder lutar pelo que eu penso e acredito. Acho que não teria muito apoio, pois não me considero uma pessoa popular. Por outro lado não acredito naqueles que somente criticam e reclamam sem arregaçar as mangas e lutar. Quem sabe algum dia me decido.

Já pensei que a utopia política e social seria alcançável. Não em uma geração, mas em várias, em que pudéssemos caminhar nessa direção. Minha utopia seria um mundo sem fronteiras onde as pessoas pudessem trabalhar no lugar em que quisessem e para quem quisessem, onde houvesse total liberdade religiosa, de expressão e de movimento, em que todos tivessem o básico para viverem, tivessem educação e saúde garantidos, mas que tivessem a liberdade de empreender e desenvolver as suas capacidades. Infelizmente perdi essa ilusão já há muito tempo. Quando vejo as diferenças que temos em nosso núcleo próximo, na família e entre amigos, nas guerras que ainda existem, nas abismais diferenças de cultura entre os países, nas guerras de religião, nas dificuldades extremas enfrentadas por imigrantes e pessoas exiladas, as milhares de pessoas ainda passando fome quando na verdade há alimento abundante no mundo para todos, percebo que se trata efetivamente de uma utopia.

"Los Cabos, México 03/01/2022
Chegamos dia 28 de dezembro para passar o Ano Novo aqui com Juliana, Jorge e a família Varela. Depois da rápida temporada em Washington, percebemos as significativas diferenças em todos os aspectos. Família, filhas, genros, países. Cada um com seus prós e contras obviamente comparativamente à nossa."

"Los Cabos, México 08/01/2022
A temporada em Los Cabos continua com momentos muito agradáveis com Juliana e Jorge e outros nem tanto agradáveis, como o fato de terem me deixado sentado num banco debaixo da marquise do Hotel Califórnia, em Todos os Santos, por mais de uma hora... e o fato de eu ter me preocupado que algo poderia ter acontecido ficou a tristeza da falta de consideração. Mas a visita a Los Santos foi brindada com um excepcional almoço no restaurante Osterya.

Hoje joguei uma boa partida com jogadores que o coach apresentou. Ele jogou também. Modéstia à parte, joguei muito bem, mas você percebe que está ficando "idoso" quando escuta: e ele tem 66 anos. Interessante que, não faz muito tempo, eu falava isso de alguns jogadores que jogavam muito bem, apesar da idade avançada."

De volta para a política.

Ontem assisti por algum tempo a conferência de imprensa do Presidente AMLO, Andrés Manuel López Obrador, do México. Comentava sobre a corrupção generalizada dos governos passados, que foi proporcionada pela construtura Odebrecht, do Brasil. Esse relatório indica a participação direta de vários presidentes anteriores e o uso indevido de recursos públicos na compra de empresas e construção de novas empresas no segmento de petróleo e gás. Em seu pronunciamento, ele credita ao sistema neoliberal o problema cujo liberalismo levou a esses desmandos milionários.

Obviamente discordo frontalmente em relação às causas da corrupção que assolou e ainda assola a América Latina. Esse mal que nos persegue não vem da linha adotada pelos países. Vem da falta de ética, princípios e educação que permeia em nossa gente.

Sem dúvida há regimes que facilitam a continuidade desse mal e não acredito que o sistema neoliberal seja o pior deles. Ao se deixar o empreendedor privado nas principais tarefas produtivas do país, seja na indústria, agricultura ou serviços, afasta-se o poder dos organismos públicos e com isso a venda de favores. O Estado tem o seu papel importantíssimo na regulamentação das atividades. A iniciativa privada tem no mercado o seu principal regulador. Um empresário incompetente sucumbirá com certeza às forças do mercado. Cabe ao Governo estimular a abertura dos mercados e a concorrência.

Tenho seguro que a força de qualquer país está em sua gente e consequentemente na educação e no conhecimento de sua gente. Não saberia dizer como fazer para eliminar o abismo que temos entre nosso país e os países mais avançados. A dificuldade é ainda maior quando percebemos que os investimentos na educação trazem retorno a muito longo prazo enquanto os períodos de gerenciamento político é de no máximo quatro anos com possibilidade de reeleição por mais quatro.

Se houvesse uma concordância geral que a educação é a saída para nossos males, talvez valesse a pena retirar essa decisão dos políticos da ocasião e deixá-la definida na constituição. Só teriam um dizer na direção e conteúdo e não na necessidade e prioridade.

Em nosso país tem se falado muito no papel e ação dos três poderes, mas, particularmente no papel do STF, Supremo Tribunal Federal. Tentou-se copiar o sistema americano, em que os membros do Supremo são indicados pelo Executivo e eles têm uma permanência no poder quase vitalícia. O simples fato de que a nomeação ocorre pelo poder Executivo, já se conclui que a ação desses membros não é independente e não está livre do conflito de interesses. Não creio que seria difícil em ter uma "eleição" de candidatos que preenchessem determinadas qualidades compatíveis para o cargo, sem a necessidade da decisão na mão do executivo. Atualmente a distorção é grave e permite que os interesses de seus "patrões" sejam privilegiados em contrapartida daqueles do país.

Claramente o país e por que não dizer, o mundo, está hoje muito dividido. Há inúmeras discussões que nos dividem.

» Esquerda x Direita

» Estado x Iniciativa Privada

» Imigração x Fechamento de Fronteiras

» Vacinas x Antivacinas

» Lockdown x Abertura da Economia

» Ambientalistas x Negacionistas

» Liberdade de Expressão x Controle

E muitos outros mais temas que diariamente são politizados e nos dividem.

Para cada tema também tenho minha visão e opinião. Mas não quero especificamente comentar cada um, mas sim, por um momento, olhar o mundo e ver o que está acontecendo. Onde estamos e de onde viemos.

Muita gente comenta como era bom o passado e como era boa a nossa vida. Pois eu desafio essa visão com toda força. O mundo hoje é espetacularmente melhor em quase todos os aspectos. Não quero dizer com isso que não há problemas e que esses problemas sejam menores.

O mundo hoje tem menor pobreza, menos doenças, apesar da pandemia da Covid-19, a expectativa de vida em muitos países já está além dos 80 anos. A média mundial atual está em 72 anos, quando 50 anos atrás estava abaixo de 50 anos. As facilidades de comunicação e de transporte são infinitamente superiores ao passado. Ainda me lembro das minhas primeiras viagens internacionais, quando para fazer uma ligação internacional tínhamos que despender uma quantia enorme e sempre tínhamos problema na comunicação. Hoje temos *Whatsapp*, *Facetime*, *Mobile*, *Zoom*, etc. Salvaguardando as diferenças de qualidade de vida entre os países, pois é óbvio que as diferenças são enormes, hoje vamos a um supermercado de países razoavelmente desenvolvidos e temos uma variedade de alimentos à nossa disposição impressionante. Ao mesmo tempo, as facilidades que encontramos em nossas residências, tais como geladeiras que disponibilizam água filtrada e gelo, fornos elétricos e a gás, ar-condicionado e aquecedores, TV com quantos canais quisermos, e muitos outros equipamentos que facilitam em muito a nossa vida.

Tenho claro que todo esse desenvolvimento em tão pouco tempo não veio a custo zero. Com mais de 7 bilhões de habitantes, nosso planeta sofreu. Disponibilizar todas essas facilidades e alimentos para toda essa população estressou significativamente a capacidade produtiva de nosso planeta, o que coloca não só nosso *status quo*, mas na verdade a nossa espécie, em risco. Não tenho conhecimento suficiente para dizer quanto tempo temos — se é que temos tempo. E também longe de mim tentar advogar por uma solução definitiva. Vou comentar, creio eu, o óbvio e ir direto às causas. População e hábitos de consumo.

Não há como sustentar esse crescimento populacional. Em muito pouco tempo vamos chegar à marca de 8,9,10 bilhões de habitantes e temos que fazer algo a respeito. Vejo em muitos países subdesenvolvidos famílias paupérrimas com 5, 6, 7 e até 10 filhos. Até parece que existe uma política de fazê-los ainda mais pobres. Entendo que as religiões teriam um papel fundamental na conscientização dessas populações. Um planejamento familiar global torna-se necessário. Aqui, novamente, entra em campo a educação. Vejo com muita clareza, que povos mais bem-educados, têm famílias de até dois ou três filhos. Há um real entendimento que o planejamento familiar é necessário. Impressionante como algumas religiões continuam insistentemente não querendo tocar nesse tema e até agindo contra — e depois vem falar do problema do meio ambiente. Não sei a que Deus beneficiam com essas políticas.

Faço aqui um mea-culpa quanto a hábitos de consumo. Como carne demasiado, ando de carro movido a gasolina demasiado, viajo muito, por vezes não percebo quanto a gastos desnecessários de água, energia elétrica e gás.

Nossos hábitos de consumo são sem dúvida um dos principais fatores de estresse do meio ambiente. Podemos facilmente proceder algumas alterações sem perder nossa qualidade de vida.

Falo por mim. Poderia efetivamente comer menos proteína animal e trocá-la por proteína vegetal. Ao invés de comer carne sete dias por semana, poderia comer apenas três dias por semana.

Algumas distâncias que percorro de carro, poderia facilmente usar bicicleta. Além disso, poderia em minha próxima troca de carro, privilegiar um carro elétrico ao invés de carro que use combustível fóssil. Minhas viagens poderiam ser mais otimizadas e quem sabe aqueles torneios que já fui, não precisaria repetir, e ficar mais em minha base residencial. Ficar mais atento a não desperdiçar água, energia elétrica e gás. Imagino essas mudanças de hábito de consumo multiplicadas pelos 7 bilhões de habitantes da Terra.

Recentemente, durante o Natal, que passei com nossa família nos Estados Unidos, observei a quantidade de árvores de Natal naturais que consumimos. Está certo que essas árvores de Natal são produzidas para isso mesmo e logo depois são jogadas fora. Para sua produção, elas demandam água, agroquímicos, vasos plásticos e muitos outros ingredientes. Alguns argumentarão que essas árvores são recicláveis, pois viram carvão em seguida. Mas continuarão a necessitar recursos naturais para sua produção. Poderíamos facilmente alterar esse hábito por algo mais permanente em nossas casas sem alterar a tradição. Imaginem quantas árvores de Natal são produzidas anualmente para satisfazer nosso hábito de um dia por ano. Um pequeno exemplo de mudança de hábito de consumo.

Acredito firmemente na capacidade do homem em enfrentar esses desafios e com certeza o faremos. Essa crença não deveria no entanto nos deixar inertes a agir. A busca de alternativas à nossa residência Terra, planetas, Marte, etc., não deve cessar, mas isso não significa que não devemos fazer algo aqui.

A geopolítica mundial gira hoje em torno da Guerra Fria China-USA. Temo que essa Guerra Fria não facilitará a demanda que temos em fazer algo em prol do meio ambiente.

O crescimento significativo da China nos últimos 30 anos vem colocar em questão os regimes democráticos e liberais de todo o mundo. Conseguiram, desrespeitando liberdades individuais, direitos humanos e destruindo o meio ambiente, fazer com que a grande maioria de seu povo tenha uma qualidade de vida básica. Saíram da extrema pobreza, embora ainda existam alguns bolsões de pobreza. Seu poderio econômico e também militar desafia a liderança americana, europeia e japonesa. A adoção de regras capitalistas no mercado e o regime ditatorial político os colocou em posição de liderança mundial. São 1,5 bilhões de pessoas ávidas por consumir. Suas alianças geopolíticas com a Rússia e, mais recentemente, com a Índia, equiparam-se com as alianças americanas.

Alguns temas serão passados a limpo pelos dirigentes chineses. Taiwan, Tibete e a vingança pelo que os japoneses fizeram no início do século 20, devem estar na agenda chinesa para os próximos anos. Essa agenda trará grande estresse ao mundo. Após a Guerra Fria entre USA e URSS, tivemos uma liderança americana indiscutível, que foi baseada de certa forma na democracia e algum respeito aos direitos humanos e individuais. O declínio moral e econômico dos Estados Unidos e a ascensão da China nos coloca em uma situação preocupante. Já pensei que tendo uma divisão de poder entre dois claros líderes, fosse uma maior garantia para uma estabilidade mundial. Com a China sendo um desses líderes e não respeitando direitos individuais e humanos, já não tenho mais essa certeza.

"10/01/2022 — Los Cabos — México. Viva! Aniversário da Juliana: 34 anos. Parece que foi ontem....a vida voa....depois de amanhã viajaremos de volta a Washington para mais uma temporada americana. Planejamos voltar ao Brasil somente em meados de fevereiro."

A situação da pandemia do Covid-19 nos últimos 2 anos — e que deve ainda perdurar por mais algum tempo —, leva-me a comentar sobre o tema, pois o mesmo foi altamente politizado. Enquanto escrevo, o caso Djokovic continua, embora ele tenha ganhado na justiça o direito de entrar na Austrália. Já comentarei a respeito, pois é um jogador profissional do meu esporte.

A politização da pandemia veio de várias frentes. Primeiro se politizou a origem, depois foram os métodos de combate e mais recentemente as vacinas.

Não acredito em teorias da conspiração. Não vejo quem faria um planejamento estratégico baseado na realização forçada da pandemia. Uns argumentam que beneficiou os chineses, outros as indústrias farmacêuticas, outros os corruptos que se aproveitaram da crise, etc., etc. Não acredito em nada disso, pois não vejo o benefício de tamanha crise mundial para ninguém.

A queda significativa da demanda mundial, a falência de milhões de negócios, a eliminação do contato humano e pessoal por tanto tempo e, finalmente e nem um pouco menor, a morte de milhões de pessoas, não entendo honestamente como isso pode ou poderia beneficiar a um povo ou a alguém.

Poderíamos eventualmente pensar que a pandemia veio a beneficiar enormemente a indústria farmacêutica e as estruturas de saúde, tais como hospitais, clínicas e farmácias. Sem dúvida, parte se beneficiou muitíssimo com a venda de vacinas e testes, mas não vejo isso como algo planejado e premeditado. Por um ano, os cientistas trabalharam arduamente para conseguir algo que fosse razoavelmente eficaz. Sei que há questionamentos em relação à eficácia das vacinas, mas eu acredito fortemente que valeram a pena.

Acredito que a origem possa ter sido em um acidente de laboratório que jamais vai ser reconhecido pelos chineses, ou de uma origem animal mesmo que desconhecíamos até a data, essa tal da feira onde se comiam todo o tipo de animal ou ainda uma outra causa que desconhecemos. Não sei se algum dia a conheceremos. Novamente, aqueles que acreditam e têm certeza que houve uma conspiração, não têm a humildade em dizer: “Não sei a origem”.

Muito se discutiu quanto ao combate da epidemia. *Lockdown*, uso da máscara, distanciamento foram temas calorosos e ainda o são hoje.

Desde o início fui contra o *lockdown* por acreditar que o remédio iria matar o doente. A falta de abastecimento, a perda de empregos e a crença que isso não daria um basta à transmissão do vírus me levaram a adotar uma postura de me proteger com máscara, distanciamento e a minimização da necessidade de movimentação.

Entendo perfeitamente o desespero de governantes e cientistas em não saberem exatamente o que fazer e vendo que países estavam adotado métodos diferentes. O *lockdown* não foi adotado por todos e os seus efeitos foram os mais diversos. Há estatísticas e teorias para suportar qualquer argumentação.

Sou totalmente a favor do uso indiscriminado da máscara e do distanciamento. No entanto, há certas medidas que continuo sem entender. Em uma viagem de avião, por exemplo. Fazemos um esforço tremendo de distanciamento nos aeroportos, nas filas do *check-in*, nas filas da segurança, no processo de embarque e quando entramos em um avião, sentamos uns ao lado dos outros. No meu entender, um absurdo. Sei que o argumento é que o ar do avião é permanentemente renovado, mas ninguém me vai convencer que não é um risco exagerado. E depois vem com suas pesquisas de qualidade perguntando se as normas de segurança foram cumpridas e eu repetidamente digo que não. Em muitos clubes, foi exigido que se praticasse esportes com máscara. Foi exigido que mesmo em esportes que não houvesse contato físico, a máscara fosse usada. Outro absurdo e falta de bom senso.

Enfim, podemos buscar muitos exemplos de falta de senso em algumas medidas, mas isso não elimina o fato da necessidade do distanciamento e do uso da máscara.

Tecnologia

Minha vida tecnológica vai do rádio de pilha, da TV em preto e branco, da vitrola e do toca discos de vinil até o celular, de onde podemos basicamente fazer tudo. Operações bancárias, falar ao vivo com o outro lado do planeta, ver reportagens e filmes, escutar músicas e mil outras funções. Vivenciei o início comercial da aviação aos jatos supersônicos. Tive a oportunidade única de viajar por duas vezes no famoso Concorde de Londres para Nova Iorque. Vivenciei os primeiros voos de foguetes para a atmosfera, as viagens para a lua até as viagens de ida e volta dos foguetes da *Spacex* e de outras empresas.

Vi a tecnologia sendo aplicada para o bem, nos hospitais, na cura de doenças, no transporte, nas ajudas humanitárias, no desenvolvimento agrícola, industrial e de serviços; e vi também a tecnologia sendo usada para o mal, nas guerras.

O desenvolvimento tecnológico foi sem dúvida exponencial nesse período que vivi. Iniciei minha vida profissional com a máquina de calcular. A HP 12C era para mim uma excepcional ferramenta financeira. Terminei minha vida profissional com a *Blackberry* já me mantendo conectado com o trabalho 24h por dia, com um computador na minha mesa, que me dava todas as informações necessárias ao meu trabalho e arquivava todos os meus documentos.

Hoje faço reuniões remotas através do meu celular e do meu computador, com áudio e vídeo e falo quase que diariamente com minhas netas e filhas com elas presentes nas telas. Recebo informações instantâneas sobre todos os temas que me interessam de qualquer parte do mundo.

Muitos se preocupam com os efeitos dessa tecnologia e conectividade no comportamento e relacionamento das pessoas, principalmente das novas gerações. Entendo que a preocupação é válida, pois a imersão em 100% nessas tecnologias podem afastar as pessoas. Presenciamos as cenas de restaurantes, de encontros em casa e em reuniões, onde as pessoas ao invés de conversarem e trocarem ideias, estão concentradas em seus celulares, participando de outras discussões ou colhendo informações. Vejo pais que para terem uma refeição sossegada, seja em casa ou em restaurantes, colocam seus filhos olhando filmes ou desenhos ou brincadeiras para evitarem o problema de terem que os administrar.

A sociedade vai se alterando e se ajustando com o processo tecnológico. Em nossa infância, nossos pais também limitavam nossa exposição à TV e a certos programas. Havia horários específicos e horários sagrados para dormir. Havia disciplina.

É importante que a tecnologia não nos faça de reféns, de dependentes. Sem dúvida ela pode ser prejudicial ao nosso comportamento, mas acredito muito mais na sua utilidade. Temos que estar atentos aos desvios que possa causar, mas se olharmos os benefícios, eles são imensuráveis.

Eu me vejo inúmeras vezes evitando conversas com amigos e familiares por estar concentrado em algo no celular. As coisas que fazíamos antigamente nas horas vagas estão agora sendo feitas imediatamente. Um erro.

No entanto, quando necessito falar com alguém do outro lado do mundo, fazer uma transação bancária, comprar uma passagem, comprar um produto ou saber de alguma informação urgente, a tecnologia se faz presente positivamente.

Religião

Outro tema sobre o qual muito já se escreveu e se discutiu. Muitas guerras foram realizadas em seu nome e muitas coisas boas também.

A fé em uma crença é, no meu humilde entender, algo que não se deve discutir, pois não há explicação racional. Alguém tem fé por que tem fé. Uns acreditam em uma vida após a morte, outros acreditam na reencarnação, outros acreditam em um Deus que teve seu filho na Terra, outros acreditam num Deus que esteve na Terra. São tantas religiões e subdenominações, que é difícil acreditar qual seria a mais próxima da verdade.

Vejo líderes religiosos defendendo seus dogmas, vejo líderes se locupletando financeiramente de seus seguidores, vejo líderes religiosos indicando caminhos completamente desassociados da realidade terrena e das necessidades dos seres humanos.

Sou muito descrente dessas religiões, pois a verdade é uma só. Não sabemos por que existimos, por que aqui estamos e para aonde vamos. Nossa capacidade de entendimento é limitada e não temos a humildade de reconhecer que não sabemos. Tudo não passa de especulações nossas e na necessidade de se acreditar em algo. Infelizmente esse acreditar leva alguns a se aproveitarem de outros, a promoverem lavagens cerebrais que resultam em ações totalmente incompatíveis com a convivência humana.

Alguns exemplos muito básicos. Muçulmanos inferiorizando as mulheres e limitando sua educação, católicos advogando contra o aborto quando a população mundial cresce exponencialmente, monges budistas vivendo da contemplação e da cobrança de entradas a seus templos e cultos, o mesmo passa com os judeus ortodoxos que são mantidos por seus seguidores, evangélicos vivendo do dízimo, principalmente de populações paupérrimas, algumas vertentes evangélicas se negam a fazer qualquer coisa aos sábados, outra vertente se nega a fazer transfusão de sangue e outra vertente acredita que sua fé está ligada à sua árvore genealógica. Mais recentemente fui exposto a um novo absurdo da igreja católica que não realiza eventos, tipo casamento, fora do templo religioso. Minhas filhas gostariam de fazer o casamento delas pela igreja católica e optamos por pedir ao padre que nos havia casado para fazê-lo. Na época que nos casamos, ele era um mero padre de baixo calão e atualmente já estava na posição bispal. Ele se negou a fazer o casamento de ambas, pois a cerimônia não seria na igreja.

São esses absurdos, que não são somente da igreja católica, mas de todas, que me levam a desacreditar dessas crenças massivas.

Entendo a necessidade psicológica em se acreditar em algo e acredito que a sobrevivência daqueles que se prestam ao serviço de ajudar o outro mereça ser remunerado corretamente. No entanto, essa assistência psicológica não deve abranger uma lavagem cerebral.

Meus pais não eram muito religiosos. Íamos de vez em quando a um culto luterano aos domingos, em Niterói, mas não era algo muito rotineiro ou tradicional. Se houvesse algum outro programa familiar mais interessante, tais como piquenique, praia ou viagem à serra, o culto era rapidamente desabilitado.

Curiosamente estudei todo o meu secundário no Colégio Marista de Lisboa e minhas irmãs no Colégio São José. Ambas escolas católicas que permitiram que não seríamos obrigados a frequentar o ritual das missas, rezas, etc., se assim não quiséssemos. Este é um serviço da igreja católica, a educação, que vejo que em todo o mundo é muito bem executado. A maioria das igrejas católicas são excepcionais. Minhas filhas mesmo foram expostas ao ensino de escolas religiosas, na Inglaterra e

Argentina, e mais uma vez reconheço a qualidade dessas escolas. Obviamente que essas escolas são muito eletivas e caras e, definitivamente, não estavam ao alcance de toda a população.

Minha esposa vem de uma família bastante católica e ela mesmo é muito fervorosa nessa questão. Fez inclusive curso de teologia para se aprofundar no assunto. Fomos expostos a uma questão muito engraçada, pois na decisão de casarmos na igreja, ela concedeu que nos casássemos na igreja luterana. O pastor nos recomendou que nos casássemos na igreja católica, pois sua crença era muito mais forte e sólida do que a minha. E assim fizemos.

Minha religião é a permanente ação em fazer o bem. Nem sempre consigo pois, reconheço que erro bastante e o ser humano erra muito. Mas continuo e continuarei tentando. Não faço isso por questões religiosas nem para ter um retorno em outra vida. Faço isso porque é o certo.

Acredito que não estamos aqui como resultado de uma fórmula química ou por um acaso. Acredito que exista alguma razão e também acredito que isto não termina aqui. Haverá algo mais depois de nossa passagem. Essa é a minha fé. Não posso explicar nada, pois não sei e desafio quem saiba. Não vou a cultos ou missas, não venero entidades e respeito todas a crenças. Não sinto necessidade de persuadir a ninguém sobre essa minha forma de agir, mas também me nego que façam o mesmo comigo. Preocupa-me muito os radicais religiosos de qualquer religião. Transformam sua fé em verdades absolutas e fazem as lavagens cerebrais para usufruírem benesses das mesmas. Em todas as religiões acontece isso.

"Washington, 16/01/2021. No trem de Washington para Nova Iorque. Muito frio lá fora, -6°C, e nevando muito. Passamos ótimos dias com Carolina, Chris, Lara e Elena. As meninas sempre perguntam quando voltamos. Gostaram que dissemos que só íamos por um dia."

Nesses dias percebi que minha imagem é muitas vezes bastante deturpada daquilo que acho que é a realidade. Me veem como uma pessoa que não ajuda os outros por não ter ajudado nas arrumações do Natal, por não pensar nos outros por assumirem que fui comprar baguetes porque gosto muito de baguetes e de ser igual ao meu pai, pois me chamaram algumas vezes pelo nome dele, Leopoldo. Voltarei a esse tema da minha imagem aos olhos dos outros mais adiante.

Nesse aspecto da imagem, posso retomar o tema da religião, pois aí também penso que tenho a imagem de ateu, aquele que não acredita em nada. Na verdade é que me considero um agnóstico. Agnóstico é todo aquele que considera os temas sobrenaturais inacessíveis à capacidade de entendimento do ser humano. Na definição clara, me considero um agnóstico teísta, pois embora reconheça que ninguém tem a capacidade de explicar, acredito que exista algo além de tudo isso.

Até penso que aqueles que têm fé em algo e que exercem essa fé de forma disciplinada, possam ser mais felizes, pois têm algo a que se agarrar e seguir adiante. Não se preocupam com a incerteza do desconhecido. O único perigo dessa fé é quando ela se torna fanática e passa a ser objetivo desse fanatismo, a tentativa de alterar a fé dos outros e do mundo. Em nome desse fanatismo, cometeram-se muitas atrocidades na história do mundo por todas as religiões.

Interessante que esses temas se tornam mais constantes na medida em que vamos tendo mais idade. Creio que a proximidade da morte nos gera maior apreensão por não sabermos o que há adiante. Para muitos ateus, não há nada. Para mim, tenho fé que algo exista. Quando visito uma igreja, uma sinagoga, uma mesquita ou um tempo budista, percebo a pouca frequência de jovens e uma frequência quase massiva de idosos. Querem se agarrar a algo. Querem acreditar em algo.

Apesar de meus 66 anos, não sinto essa necessidade de me agarrar a um credo com seus dogmas e rituais. Sinto no entanto uma maior necessidade de entender a morte e de estudar relatos de pessoas que já quase se foram, além de relatos de pessoas que se dizem médiuns e que tenham alguma conexão com outras esferas. Sinto uma necessidade de me preparar para uma viagem que sei que está chegando mas não sei a data precisa e também não sei para aonde essa viagem me levará.

O Mundo, Países e Cidades

Sempre advoguei por uma utopia que seria um mundo sem fronteiras, onde as pessoas pudessem circular livremente na busca de um lugar em que se sentissem bem e pudessem trabalhar e se desenvolver. Um lugar onde o único valor seria o conhecimento e o que pudesse agregar à sociedade sem restrições de raça, de gênero e de credo. Sei que é uma utopia, pois parece que o mundo vai ao contrário. Muitas divisões, lutas territoriais, discriminação de todos os tipos.

De certa forma minha vida foi quase essa utopia. Pude visitar todos os continentes e mais de 100 países durante a minha vida. Digo visitar, pois não acredito que uma viagem de negócios, onde se vai do aeroporto para o hotel, seja conhecer. Para conhecer um país, um povo e sua cultura é necessário conviver. Depois de aposentado, tento visitar os países com mais tempo para ver a cultura e a forma que vivem. Só assim podemos extrair algum conhecimento.

Vivi em muitos países e cidades, trabalhei livremente e aprendi muito com essa experiência. Vivi em sequência em Niterói, Brasil (8 anos), Lisboa, Portugal (9 anos), Rio de Janeiro, Brasil (15 anos), Florianópolis, Brasil (2,5 anos), Londres, Inglaterra (2,5 anos), Buenos Aires, Argentina (2 anos), Lima, Peru (4,5 anos), Varsóvia, Polônia (3 anos), Belgrado, Sérvia (3 anos), Lisboa, Portugal (3 anos) e Rio de Janeiro (até hoje). Não tenho dúvida que foi uma experiência muito rica e que deixou profunda influência em nossa forma de ser.

Muitos me perguntam qual o melhor lugar em que vivi e eu sempre respondo que a felicidade nem sempre depende do local, mas sim do nosso momento. Quando estamos bem com nós mesmos, quando temos um bom trabalho, quando vemos a família feliz e se desenvolvendo, quando estamos sendo expostos a novos conhecimentos diariamente, sempre tenderemos a adorar esse local.

Todos os lugares por onde passei tivemos bons momentos e também momentos difíceis. Conheci gente excepcional e também pessoas complicadas, como em todas as sociedades. Encontrei pessoas que recebiam muito bem os que vinham de fora e também aqueles que discriminavam. Sempre digo que é muito perigoso a generalização, para o bem e para o mal. As sociedades são diversas e não se deve generalizar o bom e o mal comportamento de uma pessoa ou mesmo de um grupo de pessoas para uma população. Estaremos cometendo um erro. Claro que há certas características culturais e de comportamento que são intrínsecos.

Retrato aqui algumas experiências que me marcaram nos países em que vivi.

Portugal. Vivi vários períodos da história portuguesa com situações diversas na relação Brasil–Portugal. Vivi na ditadura salazarista, no pós-revolução, na inserção de Portugal na comunidade europeia e recentemente. Minha relação com Portugal é profunda e não me considero um estrangeiro em Portugal, embora o meu sotaque me denuncie de imediato. Muitos brasileiros se queixam do tratamento às vezes discriminatório dado pelos portugueses, mas se esquecem de algumas facetas do tema. Como tratamos os portugueses por aqui, que tipo de brasileiros foram para Portugal nos anos 1980 e 1990, que danificou muito a nossa imagem por lá, a relação colonialista e colonizado. Sempre digo que os portugueses que conhecem o Brasil e os brasileiros que conhecem Portugal se admiram mutuamente e se respeitam. Devo muito a Portugal no aspecto de educação, conhecimento e de oportunidade. Hoje em dia, tenho dois irmãos que lá vivem e são muito felizes.

Inglaterra, Londres. Um dos melhores períodos de nossas vidas. Pela primeira vez fomos expostos a um país em que não se falava português. E tudo começou bastante complicado, pois nas primeiras semanas tivemos alguns problemas. Incêndio no hotel, fui mordido por um cão e a escola que as meninas estavam, escola americana, logo se mostrou de qualidade questionável. Mas tudo se arrumou para melhor. Conseguimos uma boa casa em Windsor, muito perto do castelo real, as meninas passaram a estudar em uma escola puramente inglesa, literalmente atrás de nossa casa, e meu trabalho se mostrou fantástico. Para quem dizia que os ingleses eram frios e de certa forma discriminavam os estrangeiros, logo na primeira semana em nossa residência, fomos convidados pelos vizinhos para um "tea" (chá), para que nos pudessem conhecer e a nós a eles. Não tivemos isso em nenhum outro país em que estivemos. Do ponto de vista de infraestrutura e desenvolvimento, foi sem dúvida o melhor país em que estivemos. Tudo muito organizado. Devido ao sistema horário global, Londres se sente o centro do mundo. As notícias do leste e do oeste convergem ali. São pessoas do mundo todo circulando por Londres o tempo todo.

Buenos Aires, Argentina. Uma experiência difícil para mim e muito feliz e proveitosa para a família. Eu estive lá por dois anos e a família durante quatro ou cinco anos. Durante dois anos, fui Diretor de Finanças da BAT–Argentina, na época Nobleza Picardo. Eram tempos difíceis para a empresa, pois a rentabilidade era muito baixa e a empresa enfrentava uma concorrência implacável. Os empregados não viam com bons olhos uma presença de um diretor brasileiro, pois viam que possivelmente minha presença significava cortes profundos na estrutura. Não era assim, pois eu só queria fazer um bom trabalho e retornar a empresa para um nível bom de rentabilidade. Recebi ameaça de morte e ameaça à minha família de números não identificáveis. Mas logo perceberam que eu estava somente tentando melhorar a empresa. Outro dissabor foi no meu esporte, o tênis, em que companheiros de equipe do clube me agrediram verbalmente pelo fato de eu ser brasileiro. Talvez mais do que o trabalho, isso me deixou muito abalado e triste. Mas como eu disse, não se deve generalizar, pois tenho muito apreço pela Argentina, principalmente pelo que proporcionaram para minha família. Minhas filhas foram expostas a uma das melhores escolas de suas vidas, o Santo Andrés, e fizeram amizades para toda a vida. Isabel também pôde se desenvolver e fez curso superior de decoração e todas puderam aprender espanhol fluentemente. Com minha transferência para o Peru, depois de 2 anos, decidimos que elas ficariam na Argentina até que Carolina terminasse o secundário e fosse para a Universidade. Essa decisão se mostrou errada, pois problemas ocorreram. A ideia era que pelo fato que teria que administrar Paraguai e Uruguai também, isso demandaria muitas viagens com pernoites em Buenos Aires. Inicialmente assim ocorreu, mas depois de algum tempo, isso se mostrou desnecessário e muito cansativo. Mas aprendemos com nossos erros. Não se deve dividir a família.

Lima, Peru. Foram quatro ou cinco anos de extremo sucesso profissional. Vivi na ditadura de Fujimori & Montesinos, vi sua queda e a eleição de um governo democrático. Encontramos uma empresa com 7,5 % de mercado e perdendo milhões de dólares e a deixamos com o monopólio do mercado, 100%, e fazendo milhões de dólares de lucro. Passamos por situações profissionais que eu não acreditava que tinha forças para enfrentar. Muitas organizações internacionais foram envolvidas na nossa batalha por igualdade de condições no mercado. OMC, embaixadas inglesa, chilena e brasileira, BBC e outros organismos foram envolvidos. Profissionalmente creio não ter tido desafio igual. Aprendi muito. O povo peruano me recebeu excepcionalmente bem. Fiz grandes amigos e os prezo até hoje. Claramente existem duas camadas sociais claríssimas no Peru. Os de origem europeia e os de origem indígena. Essa divisão gera atritos permanentes na sociedade, mas como estrangeiro sempre fui muito bem tratado por todos. Depois de dois anos, chegaram Isabel e Juliana. Carolina foi inicialmente para o Brasil e depois foi fazer curso superior na Inglaterra. Tudo voltava à normalidade. Juliana teve também uma excelente inserção na sociedade peruana e frequentou uma escola excepcional, inglesa, chamada Markus School. Também fez amigos para toda a vida.

Varsóvia, Polônia. O sucesso profissional no Peru permitiu que propuséssemos à companhia uma posição sênior na Europa com o forte argumento de proximidade com Carolina, que estudava na Inglaterra. Assim conseguimos a gerência geral na Polônia. A Polônia se mostrou uma grata surpresa. Tínhamos ainda a imagem de um país da Cortina de Ferro, com fortes tendências comunistas, onde deveríamos ter sérios problemas de comunicação. Tudo isso se mostrou errado. Tivemos a oportunidade de chegar no dia em que a Polônia entrou para a comunidade europeia e presenciamos durante os três anos a abertura e o desenvolvimento acelerado do país. O povo, no início naturalmente bem fechado e desconfiado dos estrangeiros pelos fatos históricos que ocorreram no passado recente, foi se mostrando muito amigo e hospitaleiro. A Polônia é um país desconhecido de muitos, mas sua riqueza histórica e cultural é impressionante. “Cada pedra que se levanta tem uma história.” Povo muito trabalhador e empreendedor. Tenho certeza que já é e continuará sendo um país importante no mundo desenvolvido. Com a lição aprendida de que não se deve dividir a família, fomos todos para Varsóvia e temos claro que a vida de Juliana não foi muito feliz por lá. Sua adolescência e amizades no Peru foram interrompidas. Felizmente foi por um período curto, pois logo ela foi estudar na Universidade na Suíça.

Belgrado, Sérvia. Após a Polônia, fui designado para cuidar de uma área geográfica que se estendia da Eslovênia até a Albânia. Basicamente todos os países da ex-Iugoslávia mais a Albânia. Um grande desafio, pois se tratava de uma região que tinha saído de uma guerra muito difícil há não muito tempo, uns 10 anos. Neste período estávamos só eu e Isabel, as meninas já tinham saído de casa para suas universidades na Inglaterra e na Suíça. Carolina já ia ingressar no mercado de trabalho e mais tarde faria mestrado em Bolonha e Washington. Convivemos mais com o povo sérvio e fomos surpreendidos com a forma que nos receberam. Povo amável, receptivo, festeiro... fizemos muito bons amigos. Infelizmente a guerra e as atrocidades cometidas de todas as partes, arranharam muito sua imagem. Aconteceu algo semelhante com alemães e japoneses após a 2ª Guerra Mundial e prevejo que o mesmo acontecerá com os russos após a guerra da Ucrânia. Não obstante as limitações da infraestrutura em Belgrado, ainda afetada pela guerra, tivemos uma vida bastante feliz e agradável — eu tanto no trabalho como no tênis, e Isabel no convívio social.

Todos os países por onde passamos deixaram lembranças maravilhosas e, como eu disse, é difícil dizer qual foi melhor. Muito depende de nosso momento e como estamos nos sentindo.

Imagem

É um tema muito interessante, pois há várias vertentes dessa nossa imagem.

Há a percepção nossa sobre o que os outros pensam de nós. Essa imagem foi criada por nossos atos, comentários, comportamentos e nossa postura perante o mundo. Digo percepção pois na verdade podemos estar bem enganados sobre o que pensamos do que os outros pensam da gente.

Há a imagem do que efetivamente pensamos que somos. Obviamente ela é bastante diferente daquela que os outros têm da gente.

Há também, no meu entendimento, a imagem daquilo que gostaríamos de ser e de que os outros coincidissem com essa imagem.

Pode-se perguntar qual a importância disso. Creio que quanto mais diferença existir entre essas imagens e percepções, mais frustrações nas relações podem ocorrer, mais atritos podem ocorrer — ou mesmo mais proximidade a alinhamento pode acontecer.

Creio que muitos dos atritos que tenho atualmente com muita gente, vem da minha frustração em perceber que às vezes a distância dessa percepção é muito grande.

Vejamos então alguns aspectos dessas imagens.

» Pai e Educador

» Profissional

» Amigo

» Família

» Desportista

» Marido

» Ética e Princípios

» Legado

» Racismo

» Homossexualismo

» Feminismo

Possivelmente existirão outros temas que as pessoas traçam imagens a nosso respeito que vão consolidando a nossa imagem como pessoa. Acredito que isso também acontece quando temos uma imagem sobre alguém e ela muitas vezes está muito longe da realidade.

Comentarei somente sobre algumas imagens que no meu entender estão muito distantes daquilo que penso ser.

"Washington, 23/01/2022. Ontem fomos esquiar com toda a família. Foi muito legal, apesar de que o local estava muito cheio, pois era sábado e o dia estava espetacular, apesar do frio, -60C."

"Washington-Rio, 10/02/2022. Passamos duas semanas viajando pelos USA. San Diego, Los Angeles, Park City e Las Vegas. Foi excelente, pois fora San Diego, que eu não conhecia, pude revisitar depois de mais de 50 anos alguns locais. Interessante ver como os USA crescem e a inovação está presente em tudo. Voltamos a Washington dia 7 de fevereiro para no dia 8 festejar o aniversário de Isabel com as netas. Escrevo agora de dentro do avião para Houston e logo mais pegaremos o avião de volta ao Rio, depois de quase dois meses fora.

Mais uma vez nesta viagem pudemos perceber as diferenças culturais entre nós e nossas filhas e netas. São diferenças do dia a dia e também no comportamento. Interessante como à medida em que o tempo passa, essas diferenças se aprofundam e são mais marcantes."

Voltemos então às imagens.

Vejamos por exemplo a imagem de pai, educador, marido e profissional. Creio que a imagem que percebo de minhas filhas e de minha esposa em relação a mim é bastante distante daquilo que me vejo. Pelo menos é minha percepção. Por erros que cometi e os assumi, ficou nelas uma imagem de mau marido e mau pai. Desde o tempo desses erros, nunca houve na verdade o perdão e a cobrança ficou para sempre e existirá até meus últimos dias. Por outro lado, minha versão é que exatamente por ter priorizado a educação das filhas e a estabilidade da família, assumi compromissos profissionais que me obrigaram ao afastamento físico da família e os erros por mim realizados foram provenientes dessa decisão.

Sempre existiu a imagem por parte delas que as minhas prioridades eram o trabalho e o tênis. Nunca avaliaram o porquê dessas prioridades e para que serviam. O trabalho sempre serviu para o provimento da melhor educação possível e o melhor padrão de vida que eu poderia dar à família. O esporte nada mais era do que a válvula anti-stress que eu tinha. Isso nunca foi percebido dessa forma e as crises familiares sempre nasceram dessa dicotomia. Sempre acharam que eu não dava atenção à família. Talvez hoje essa percepção tenha se alterado ligeiramente para melhor, mas sinto ainda em alguns comentários e observações o distanciamento das percepções.

Olhando para o passado, vejo que eu não alteraria as prioridades, pois elas estão hoje surtindo os efeitos que eu sempre desejei. Filhas independentes, com seus trabalhos importantes e com excelentes padrões de vida. Talvez a execução dessas prioridades tivesse que ter sido diferente e talvez um melhor balanceamento tivesse que ter ocorrido entre família, trabalho e esporte. Obviamente esse balanceamento poderia ter resultado em eu evitar os erros pessoais que cometi.

Vejamos uma outra imagem. Juntemos Ética e Princípios, Racismo, Homossexualismo, Feminismo e Política. Hoje mesmo, em uma conversa ligeira com meu genro, ele fez um comentário muito inverdadeiro, acreditando que eu teria alguma admiração pelo presidente Putin da Rússia, pelo comentário que fiz sobre a crise Rússia-Ucrânia no momento. Seu comentário traduz uma imagem que devo ter perante a maioria das pessoas de alguém da extrema direita, racista, homofóbico e contra as liberdades individuais e pró-ditadura. Claro que isso deve vir dos comentários que faço contra algumas posições da esquerda, dos negros, das minorias em geral e das posições norte-americanas e europeias em relação a crises com os países do leste e asiáticos, especificamente Rússia e China. Essa duas imagens não poderiam estar mais distantes, pois na verdade sou liberal politicamente, sou pela democracia, sou pelos direitos iguais, mas não superiores para as minorias, e pela não intervenção de qualquer potência no rumo dos outros países.

Legado

Todos os dias penso mais sobre isso. A proximidade da morte — sim temos que ser realistas quanto a isso —, me falta muito menos tempo, leva-nos a nos perguntarmos, passei por aqui e o que deixei? Ainda tenho vontade de fazer muita coisa e talvez deva de novo fazer uma lista para que o tempo não passe e meus desejos não se realizem.

Se morresse hoje (ainda estou em um avião a 35 mil pés e tudo é possível, penso sorrindo), o que teria deixado para o mundo? Creio que a ação mais importante que realizei junto com minha esposa seria ter deixado uma família muito bem preparada para o mundo, com excelente nível de educação e de jamais ter cometido nenhuma ilegalidade nesse processo. Posso colocar a cabeça no travesseiro e dormir. A educação é um legado indestrutível enquanto os legados materiais, para muitos importantes, podem se ir rapidamente.

Quando olho para trás, vejo que tive efetivamente uma vida privilegiada. Tive excelente família na formação, excelente família durante a minha vida, trabalhei duro e honestamente, pratiquei o esporte que queria, conheci praticamente o mundo todo, continuo viajando e até hoje tenho poucos problemas de saúde. Obviamente que a vida não termina aos 66 anos e espero que tenha ainda muito tempo pela frente.

Tendo tido essa vida, por que não dizê-la, privilegiada, sinto que deveria voltar algo à sociedade. Já fiz isso ao trabalhar para a Cruz Vermelha em Portugal, para o Lar do Frei Luiz no Brasil, para algumas instituições que ajudei nos países em que passei, mas creio que ainda foi pouco. Sinto-me ainda bastante devedor e que poderia ajudar muito. Há causas que me atraem, como a dos imigrantes, os Médicos sem Fronteiras e outros organismos sociais que me chamam atenção.

As minhas viagens constantes para torneios e visitas à família têm me distanciado desses objetivos. Tento conectar uma coisa com a outra, mas até agora não consegui. Talvez fazer um *link* de doação nas quantidades de *games* jogados durante o ano. Vou estudar isso.

> *"15/02/2022, Rio de Janeiro. Depois de alguma decepção na chegada com a atuação burocrática da Receita Federal e das já costumeiras decepções quanto ao trânsito, infraestrutura da cidade e a educação dos cidadãos, é vida que segue. Quando vou ter orgulho de meu país? Acho que não será nesta vida. E a pergunta que não se cala: por que não ir viver em outro lado? USA, Portugal?"*

Em conversa no avião, diz Isabel que minha vida e minhas experiências não podem se resumir a 36 páginas e, portanto, decido voltar e tecer mais comentários e detalhes sobre tudo.

3ª Idade & Velhice

A preparação para enfrentar o período de quando já não produzimos e quando somos vistos pela sociedade como "velhos", é fundamental.

Vejo o tratamento que é dado aos velhos na sociedade brasileira e definitivamente não me agrada. São tratados como pesos para as famílias, quando na verdade as famílias e a sociedade deveriam tratá-los como fontes de conhecimento e experiência. Entendo que as sociedades mais desenvolvidas têm um tratamento bem melhor. Muitos ainda exercem atividades produtivas, são voluntários em muitas atividades e não se sentem pesos mortos para suas famílias.

Temos que nos preparar para esse período, pois todos iremos para lá.

"25/02/2022, Guerra na Ucrânia. Rússia invade a Ucrânia e os bombardeios começam.
Já voltarei ao tema da 3ª idade, pois essa guerra é uma das piores loucuras que tenho presenciado em minha vida.
Um Ditador se protegendo para que a liberdade, a democracia e o bem-estar de seu povo não lhe chegue. Tem medo que o destronem, assim como estão tentando fazer com o ditador da Bielorrússia. Triste. E o Ocidente acena dizendo que enquanto ele se limitar à Ucrânia está tudo bem. A retaliação será através de sanções que todos sabemos que não funcionam, pois o mercado é mais forte do que essas barreiras.

E por que o Ocidente não reage do ponto de vista militar? Em minha humilde opinião, é porque o Ocidente também não tem moral para fazê-lo. Não precisamos ir muito atrás na história. Os mísseis de Cuba, do bombardeio de Belgrado, da criação do Kosovo, das invasões do Iraque e do Afeganistão. Essas ações não dão credibilidade ao Ocidente.

A invasão da Ucrânia vai dar argumentos para que amanhã a China retome Taiwan contra a vontade de seus cidadãos e quem sabe os países poderosos tomem a Amazônia. É a lei do mais forte, ou melhor, é a lei daqueles que detêm bombas atômicas. A vontade do Irã, da Coreia do Norte e, quem sabe, no futuro, do Brasil em deter essa capacidade, se entende na medida em que seus inimigos potenciais têm esse poderio e as potências atômicas indicam, com seus atos, que essa é a única forma de proteção.

08/03/22 — *A guerra na Ucrânia continua e se intensifica. Quando vai terminar isso? Como pode o mundo assistir à destruição de um país e a única ação até agora foram as sanções econômicas que sabemos têm efeito de médio a longo prazo e efeito parcial. Continuam a morrer civis inocentes. A única ação elogiável do Ocidente é a recepção dos refugiados. Polônia liderando o movimento de forma brilhante. O povo russo vai sofrer por muitos anos as consequências desse ato abominável de seu líder ditador. Triste, muito triste que em pleno século 21 estejamos presenciando esse tipo de evento.*

Famílias morrendo nas ruas com os bombardeios, a fome já acontece, crianças perdendo seus pais e pais perdendo suas crianças.

Nestes eventos é que me pergunto. Que Deus é esse que permite isso? Algumas religiões acreditam que Deus está na gente ou que fazemos parte de Deus. Definitivamente não posso acreditar. Como fazer isso com pessoas inocentes que a única coisa que desejam é criar suas famílias honestamente."

Mas voltemos para a 3ª idade.

A entrada na 3ª idade gera uma série de apreensões naturais.

Teremos recursos suficientes para manter um padrão de vida digno?

Nossos amigos antigos nos abandonarão, já que profissionalmente não significamos muito e não temos poder?

» O que vou fazer de meu tempo livre?

» Vou continuar a ser respeitado por aqueles que me rodeiam?

» Continuará a vida a ter sentido?

São preocupações genuínas de todos que entram nessa fase da vida e eram as minhas também.

Muitos sofrem neste período da vida por falta de planejamento nas fases anteriores da vida. Infelizmente, em países em desenvolvimento, como é o caso do Brasil, não podemos depender de nossas aposentadorias do Governo e o planejamento financeiro torna-se fundamental para se ter uma vida digna nessa fase. Esta falta de planejamento leva muitos idosos a trabalharem até o final da vida para sustentar um certo padrão de vida ou a se sujeitarem a uma queda dramática de padrão de vida.

Eu e Isabel tivemos nesse aspecto muita visão, pois conseguimos poupar bastante para ter uma vida bem digna nessa fase. Vimos durante nossa vida profissional amigos nossos gastarem bastante, muito acima de nós, para terem certos luxos passageiros. Considero luxos passageiros, por exemplo, a ideia de se viajar de 1ª classe ou *business class* quando em férias, a frequência permanente em restaurantes caríssimos somente porque estão na moda e dá *status* frequentá-los, o uso de "carrões" de última geração, pois a exposição dá *status* e outros mais. Felizmente pudemos ter uma vida muito confortável, com equilíbrio, e conseguimos ao mesmo tempo, desde muito cedo em nossas vidas profissionais, poupar para termos uma vida confortável na aposentadoria. Tudo que nos restava no final do mês, era alocado em poupança e investimentos — um pouco mais tarde começamos a comprar imóveis. Essa estratégia se mostrou um sucesso, pois sempre foi pensamento nosso que imóveis não perdem valor a longo prazo, pois a oferta de moradia no mundo é e sempre será deficitária, *vis-à-vis* a demanda.

Muito interessante o comportamento das pessoas em relação à sua situação nova. Você começa a perceber quem eram seus verdadeiros amigos.

"14/03/2021. E a guerra na Ucrânia continua. Uma vergonha para a raça humana, mas parece que a loucura não quer parar."

Como eu dizia, a 3ª idade nos traz uma série de propostas que muitas vezes não percebemos quando estamos na batalha do dia a dia. Pensamos ter muitos amigos e contatos profissionais, mas a verdade é que eles estão ligados a um interesse de poder e eminentemente profissional. Ao nos afastarmos desse regime, passamos a perceber quais amigos que efetivamente eram amigos e muitos que pensávamos serem nossos amigos desaparecem. A vantagem é que no fundo a depuração é positiva e ficam aqueles que te querem. É claro que a decepção dói.

O esporte e, no meu caso, o tênis, me ajudou muito nesse processo, pois a entrada de novos amigos foi incrível. O fato de eu ter iniciado a participação em torneios pelo mundo afora, fez com que eu tivesse imediatamente muitos conhecidos e amigos pelo mundo todo.

Isso é algo que recomendo a todos que entram na 3ª idade. Em terem uma rotina com algo que lhes interesse. Pode ser esporte, arte, culinária, trabalhos manuais ou qualquer outra atividade que lhe dê prazer. Verá que rapidamente sua agenda vai estar mais preenchida do que anteriormente e que fará muito amigos novos e interessantes.

Uma das coisas que tive a felicidade de fazer quando minha rotina de trabalho profissional abrandou, foi fazer um "bucket list". Uma lista de atividades que eu desejava ainda empreender. Isso me prendeu por alguns anos e talvez nos anos mais importantes, que são os anos iniciais. Entre as atividades de meu "bucket list" estavam tirar o brevê, licença de voo, atravessar o oceano em um veleiro, trabalhar como voluntário em alguma ação social, aprender a tocar um instrumento, fazer alguma atividade artística, como pintar, cerâmica ou artesanato, e outras mais.

Já realizei boa parte delas e muitas trouxeram grandes histórias para contar.

No voo, até meu processo de obter a licença foi interessante, pois acabei tirando a licença na Inglaterra pois não aceitava as burocracias impostas pelas autoridades brasileiras e portuguesas. No exame, uma examinadora muito exigente, fez o percurso de tal forma a me fazer errar. Por uma falha minha eu iria sobrevoar uma usina nuclear, o que é terminantemente proibido, e a consequência é a perda da licença. Eu sobrevoaria, caso ela não tirasse o controle de mim. Para me dar mais uma chance, ela ponderou que era perigoso aterrissar no aeródromo com vento cruzado de 16 nós, um tanto forte para o avião. Mas ela não sabia que meu treinamento em Tires, Cascais, tinha sido sempre com vento bastante forte. Fiz uma aterrissagem muito boa e ela me aprovou... Mas lembrou: veja sempre a carta de navegação.

Na travessia atlântica, fui convidado a realizar uma mais curta, dos Açores a Portugal Continental. Estimava-se que levaria seis dias. Éramos três, num veleiro de 42 pés e ambos companheiros eram muito experientes no manejo de veleiros. Acreditei cegamente neles e me disponibilizei a ir. Erro meu em confiar cegamente, pois o barco não estava com todos os equipamentos em ordem e com a tempestade que tivemos durante toda a travessia, quase ficamos pelo caminho. Muitas lições aprendidas.

Nesta fase da vida, temos que continuamente renovar nossos sonhos e metas. A vida é um contínuo aprendizado e não se pode parar.

Claro que a proximidade da morte traz constantes questionamentos e vejo muitos amigos se tornando mais próximos da religião. Ainda não aconteceu comigo, mas com o fim mais próximo e a incerteza do que nos espera, eu entendo aqueles que logram se acercar da fé, seja de que fé for, para se segurarem em algo.

"20/03/2022. Rio-Salvador. Indo jogar Torneio Fenaset

27/03/2022 Aeroporto de Salvador, voltando para o Rio. Semana toda com muitos jogos de simples e duplas, em que fui vice-campeão de simples e duplas no modelo de torneios Fenaset. Neste modelo, não há separação de idade e joga-se sem eliminação por derrota. Muito bom sistema, pois a gente sabe que vai jogar a semana toda."

Longe daqui a guerra da Ucrânia continua com muito sofrimento. Aí vemos novamente como fomos beneficiados em nossa vida. Estamos em uma parte do globo que apesar dos inúmeros problemas, nunca tivemos um problema dessa grandeza. E ameaças nucleares de ambas as partes se somam.

Em nossa idade parece que nossas preocupações são maiores, pois já vimos muita coisa em nossa vida. Fiz uma observação para minha filha e meu genro, que vivem em Washington, sobre o risco de uma guerra nuclear, pois onde vivem, é possivelmente o maior alvo do mundo para tal ataque. Sugeri que ao menos fizessem planos, mas não tomaram em consideração. Disseram que se isso ocorresse, seria melhor morrerem mesmo do que viver em um mundo pós-guerra nuclear. Talvez tenham razão, mas é mais um exemplo de que as ideias de quem é mais velho são completamente afastadas.

"31/03/2022 — Rio de Janeiro. Caramba, já se foram 3 três meses do ano. Incrível como a sensação de tempo muda dramaticamente com a idade."

Quando éramos jovens, os anos passavam lentamente e sempre queríamos que fosse mais rápido. Hoje tentamos frear o tempo. Ele corre aceleradamente e nós vamos nos aproximando do fim e ainda com muitos planos por realizar.

Voltando ao embate de gerações. Creio ser uma cultura anglo-saxã ou, quem sabe cristã, de que aquilo que vem dos mais velhos não se considera, pois viveram em épocas diferentes. Vejo na cultura japonesa, coreana e também da maioria dos indígenas, uma valorização do conhecimento e sabedoria dos mais velhos — e aproveitam isso muito bem. O respeito também é superior e não há a ridicularização por trazerem experiências vividas e preocupações que por um momento pareçam sem importância.

"Porto Alegre 04/04/2022 — Jogando o ITF 400 no Grêmio União. Reencontro de bons amigos do esporte."

Continuamos na 3ª idade. Os temas relativos a que destino se deve dar aos mais idosos para que eles não se tornem um fardo pesado para as famílias é sempre um assunto culturalmente complexo e de difícil solução.

Vejo o exemplo da mãe da Isabel, que com 94 anos está muito lúcida e bem de saúde, levando uma vida normal. Por outro lado, não pode ser deixada sozinha em sua moradia e em basicamente tudo depende de Isabel e de seu filho. A decisão racional seria colocá-la em uma casa de repouso, onde teria assistência médica 24/7, teria pessoas para conversar todo o dia e pessoas da mesma geração, além de ter também atividades recreativas e culturais. Não obstante o custo, essa seria uma decisão racional que em muitas culturas ocidentais e orientais é extremamente aceitável e sugerida. Na cultura latina existe um sério preconceito sobre essa direção, pois muitos atribuem isso ao abandono do idoso.

Minha visão é muito alinhada com a ideia de se utilizar esses serviços de suporte ao idoso, claro que desde que as condições financeiras sejam suportáveis. A sensação de ser um fardo para a família deve ser muito ruim para o idoso. Essa sensação de fardo deve ser muito clara quando ainda se tem lucidez.

No nosso caso, meu e de Isabel, a situação ainda pode se tornar mais complexa, pois nossas filhas vivem longe e em países com diferenças culturais significativas. Vamos ter que planejar o que fazer quando chegarem os dias em que nossas capacidades físicas estejam limitadas e precisemos de suporte de terceiros. Sem dúvida a solução de um lar de idosos com qualidade me parece bem plausível.

Vejo que as famílias brasileiras ainda pensam muito pouco sobre esse tema e normalmente as soluções não são bem planejadas e são muito pontuais.

Felicidade

E o que é a tal da felicidade? Ela existe? É alcançável? Tive uma vida feliz?

Muito difícil a definição do que é felicidade. Por outro lado, sabemos quando estamos e quando não estamos felizes. Posso definir felicidade como um conjunto de variáveis que nos levam a um sentimento ou ao outro. Saúde, situação da família, estabilidade financeira, amor por uma pessoa, trabalho, perspectiva de futuro promissor, amigos, reconhecimento e participação são, no meu entender, fortemente decisivas na definição desse sentimento. Talvez a perfeita felicidade seja a conjugação positiva de todas essas variáveis e outras mais.

Creio serem perguntas que nos fazemos diariamente, pois a luta nessa busca é incessante. Acho que a vida é um filme pleno de momentos felizes, tristes, depressivos e extremamente felizes. É uma aventura na qual temos de tudo e de todos os sentimentos. Hoje estamos extremamente felizes e pode ser que amanhã não mais.

Posso dizer com segurança que minha vida foi repleta de momentos muito mais felizes do que infelizes. Quando vejo temas como guerras, fome, desemprego, rupturas familiares, ódios, rancores, e que muito pouco desses temas me atingiram, me sinto um privilegiado e posso dizer com tranquilidade que tive e estou tendo uma vida feliz.

Em qualquer jornal diário presenciamos tantas tragédias que nos perguntamos como ainda não fomos atingidos por qualquer desses problemas. Por que fomos tão privilegiados? Que força superior é essa que define que alguns terão uma vida feliz e normal enquanto outros têm, desde seu nascimento, uma vida tão difícil.

Acho que todo ser humano busca isso incessantemente e poucos logram. Nesse aspecto nos sentimos uns privilegiados.

Muitos comentam que a vida era muito mais feliz antigamente. Tendo a divergir bastante dessa visão pois o ser humano está muito melhor em muitas variáveis da vida. Saúde, pobreza, expectativa de vida, informação, educação e outras facetas da vida, estamos muito melhores do que antigamente.

E o fim como será ?

A vida continua mas ela terá um fim. Não sabemos quando e como. Não sabemos o depois.

A morte sempre foi intrigante para mim. O desconhecimento de como será e para aonde vamos é bastante mortificante. Algumas culturas a têm bastante forte e até fazem grandes festivais e homenagens, se assim podemos dizer, a ela. Sei que na cultura mexicana há, em um período do ano, grandes festivais e há vestimentas próprias para consagrá-la.

Tive a possibilidade de experimentar o que fazem os poloneses no dia 2 de novembro, dia dos mortos. Todos os cemitérios do país se iluminam com velas lindíssimas e é marcante a visão que se tem quando se sobrevoa o país nesse dia. Vale a pena a visita aos cemitérios para ver.

Sempre quis ler sobre experiências de pessoas que dizem ter estado do "outro lado". Pessoas que já foram consideradas mortas, mas que retornaram. Considerando que muito pouco sabemos sobre nossas capacidades mentais, cerebrais, sempre tenho reservas sobre esses comentários mas gosto de investigar.

Esse desconhecimento nos faz aproveitar e agradecer ainda mais o que temos. Podemos partir a qualquer momento, sem aviso.

Se tivesse que escolher, o que efetivamente não é possível, gostaria de partir assim que já não tiver minhas faculdades físicas e mentais. Gostaria de partir em uma ação rápida e se possível indolor. Acho que deve ser o desejo da grande maioria das pessoas. Vejo muitos idosos definhando em camas residenciais ou em hospitais, sem qualquer qualidade de vida, sem qualquer controle de suas capacidades físicas e mentais. É tudo muito triste e acredito que no caso de muitos, injusto.

Como disse no princípio, fui um privilegiado. Tive e terei uma vida bem vivida. Espero ainda continuar fazendo coisas para o bem, mas sei que continuarei errando e aprendendo com meus erros, como todo ser humano.

Agradeço imensamente por todos que viveram este filme da vida comigo. Desde 20 de maio de 1955 até o dia que eu me vá. Agradeço pelas parcerias que tivemos, peço desculpas pelos erros cometidos.

Agradeço muito à minha esposa Isabel e às minhas filhas Carolina e Juliana pela vida que tive. Para Lara e Elena, um beijo muito grande. Espero que vocês façam da vida uma linda experiência. Vocês fizeram nossa vida mais bonita e mais esperançosa. Para os netos que ainda estão por vir este foi o avô de vocês.

Espero que este filme ajude aqueles que o assistirem a não cometerem os mesmos erros e a aperfeiçoar os acertos na busca incessante pela felicidade.

Esse fui eu.

FIM